운명이라는
착각

운명이라는 착각

펴낸날	초판 1쇄 2025년 6월 27일
지은이	황규진
펴낸이	강진수
편 집	김은숙, 우정인
디자인	Stellalala_d
인 쇄	(주)사피엔스컬쳐
펴낸곳	(주)북스고 **출판등록** 제2024-000055호 2024년 7월 17일
주 소	서울시 서대문구 서소문로 27, 2층 214호
전 화	(02) 6403-0042 **팩 스** (02) 6499-1053

ⓒ 황규진 2025

- 이 책은 저작권법에 따라 보호를 받는 저작물이므로 무단 전재와 무단 복제를 금지하며,
  이 책 내용의 전부 또는 일부를 이용하려면 반드시 저작권자와 (주)북스고의 서면 동의를 받아야 합니다.
- 책값은 뒤표지에 있습니다. 잘못된 책은 바꾸어 드립니다.

ISBN   979-11-6760-103-2   03190

책 출간을 원하시는 분은 이메일 booksgo@naver.com로 간단한 개요와 취지, 연락처 등을 보내주세요.
Booksgo는 건강하고 행복한 삶을 위한 가치 있는 콘텐츠를 만듭니다.

상처받지 않는 관계를 만들어 나가는 법

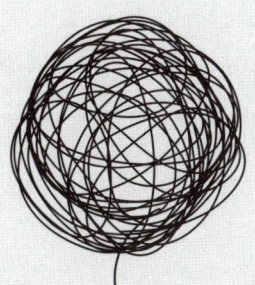

운명이라는

· 황규진 지음 ·

착각

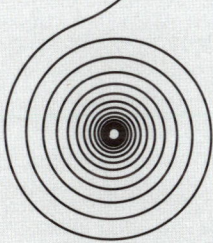

Booksgo

프롤로그

혹시,
당신도 길을 잃었나요

지금 이 책을 마주한 당신의 마음은 어떤 상태인가? 아마도 오랫동안 풀리지 않는 의문과 깊은 혼란 속에서 길을 헤매고 있었을 것이다. 밤잠을 설치게 하는 질문들, '대체 무엇이 잘못된 걸까?', '왜 나에게 이런 일이 일어나는 걸까?' 하는 물음들이 뫼비우스의 띠처럼 머릿속을 맴돌고 있을지도 모른다. 무엇이 잘못된 것인지 명확히 꼬집어 말할 수는 없지만, 분명 이전과는 다른 무겁고 축축한 공기가 삶 전체를 짓누르고 있음을 온몸으로 느낀다.

한때 세상을 다 가진 듯했던 관계 속에서의 아찔한 행복감, 그 뒤에 예고 없이 찾아온 설명할 수 없는 불안과 공포. 시간이 흐를수록 눈덩이처럼 불어나는 자기 의심 그리고 가장 가까운 친구나 가족에게도 차마 전부 털어놓을 수 없는 깊고 어두운 외로움. 마치 출구 없는 미로에 갇힌 듯 혹은 발을 디딜수록 빠져드는 유사(流沙) 위에 서 있는 듯 매 순간 불안하고 위태로운 시간을 보내고 있을지도 모른다. 짙은 안갯속을 홀로 걷는 것처럼 방향 감각을 상실하고, 지금 딛고 있는 발밑이 단단한 현실의 땅인지 아니면 환상과 거짓으로 만들어진 늪인지조차 확신할 수 없는 그런 시간을 말이다.

 어쩌면 특정 인물과의 관계 때문에, 그 관계가 남긴 지울 수 없는 흔적 때문에 이 책에 이끌렸을 것이다. 처음에는 세상에 둘도 없는 운명적인 인연이라 굳게 믿었던 사람, 나를 세상 누구보다 잘 이해해 주고, 나의 존재 자체를 특별하게 만들어 주었던 바로 그 사람. 그의 눈빛, 그의 말, 그의 행동 하나하나가 세상을 온통 빛으로 채우는 듯했다.

하지만 시간이 흐르면서 그토록 눈부시게 빛나던 관계는 점차 예측 불가능한 감정의 폭풍 속으로 사정없이 당신을 밀어 넣었다. 그의 말 한마디, 스쳐 지나가는 표정 하나에 당신의 감정은 천국과 지옥을 분주히 오갔고, 혹시라도 그의 심기를 거스를까 봐, 그의 기분을 상하게 할까 봐 노심초사하며 그의 눈치를 살피는 것이 어느새 일상이 되어 버렸다.

당신의 상식, 당신의 가치관, 당신의 감정은 그 관계 안에서 존중받지 못하고, 오히려 "네가 너무 예민한 거야", "너는 왜 항상 그런 식으로 생각해?", "이게 다 너 때문이야"와 같은 말속에서 끊임없이 이상하거나 부족한 사람으로 치부되기 일쑤였다.

점점 더 자신을 믿지 못하게 되고, 관계에서 발생하는 모든 문제의 원인을 강박적으로 자신에게서 찾으려 애썼을 것이다. '내가 좀 더 이해심이 많았다면', '내가 그때 그렇게 말하지 않았더라면', '내가 너무 민감하게 반응해서 그를 화나게 만든 걸까?', '어쩌면 내가 정말로 뭔가 잘못 생각하고 있는 건 아닐까?' 하는 자책과 자기 의심의 목소리가 꼬리에 꼬리를 물고 내면을 잠식했을 것이다.

끝없는 혼란과 자기 검열 속에서 당신의 영혼은 서서히 지쳐갔고, 어쩌면 그 관계가 이미 오래전에 끝났음에도 불구하고, 여전히 보이지 않는 영향력 아래에서, 그가 남긴 상처의 후유증 속에서 온전히 벗어나지 못하고 있을지도 모른다. 마치 전쟁이 끝난 후에도 여전히 포탄 소리의 환청에 시달리는 병사처럼, 당신의 마음은 여전히 과거의 상처가 드리운 그림자 속에서 신음하고 있을 수 있다.

이러한 깊은 혼란과 지울 수 없는 고통의 중심에 있는 관계의 상대를 설명하기 위해, 이 책에서는 '나르시시스트Narcissist'라는 용어를 사용하고자 한다. 이미 여러 경로를 통해 이 용어를 접했을 수 있다. 이 용어는 본래 임상심리학 분야에서 '자기애성 성격장애Narcissistic Personality Disorder, NPD'라는 특정 진단명을 지칭하는 데 사용되기도 하지만, 이 책에서는 그러한 엄격하고 제한적인 진단적 의미에만 국한하지 않는다.

보다 넓은 관점에서 이 용어를 사용하려 한다. 즉 사이코패스, 소시오패스, 경계선 성격의 일부 특성, 심리 조종자, 정서적 학대자 등 다양한 이름표 아래에서 유사한 패턴을 보이는 특정 행동 및 심리적 특성을 아우르는 포괄적인 개념으로 '나르시시스트'를 정의한다.

구체적으로는 타인에 대한 공감 능력의 현저한 부족, 자기중심적인 사고와 세상을 바라보는 왜곡된 렌즈, 타인을 자신의 욕구 충족과 자존감 유지를 위한 도구나 대상으로 여기는 착취적인 태도 그리고 이러한 목적을 달성하기 위해 능수능란하게 사용하는 온갖 교묘한 심리적 조종 기술(가스라이팅, 사랑 폭격, 평가절하, 침묵, 삼각관계 만들기 등)을 특징적으로 보이는 인물군을 이 책에서는 '나르시시스트'로 통칭할 것이다.

임상적인 진단명을 세세하게 구분하고 라벨을 붙이는 작업은 때로는 전문가의 영역에서도 복잡하고 논쟁의 여지가 많다. 무엇보다 지금 관계의 후유증으로 인해 극심한 혼란과 고통을 겪고 있는 당사자에게는, 그러한 학문적이고 임상적인 구분 자체가 오히려 불필요한 복잡함과 혼란을 가중하고, 본질에서 벗어난 논쟁으로 에너지를 소모하게 만들 수 있다.

지금 진정으로 중요한 것은 그 사람이 정신의학 진단 기준(DSM-5 등)에 정확히 몇 항목이나 부합하는지를 따지는 것이 아니다. 그보다는 당신이 겪었던 그 관계가 왜 그토록 힘들었고, 당신의 삶에 어떤 파괴적인 영향을 미쳤으며, 그 경험의 본질이 무엇인지를 명확하게 이해하는 것이다.

'나르시시스트'라는 이름은 마치 어두운 방 안에서 더듬거리며 찾아 헤매던 스위치처럼, 고통스럽고 혼란스러웠던 경험의 복잡한 패턴을 인식하고, 그 경험의 근본적인 구조와 본질을 이해하는 데 도움을 주는 하나의 상징적인 개념이자 유용한 도구가 될 것이다. 이 용어를 렌즈 삼아 깊은 혼란의 늪에 빠뜨렸던 그 특유의 관계 역학을 보다 명확하고 체계적으로 들여다볼 수 있다.

겉으로 드러나는 행동 이면에 교묘하게 숨겨진 그의 진짜 동기와 욕구는 무엇이었는지, 당신의 마음을 사로잡고 통제하기 위해 어떤 전략과 전술들을 사용했는지 그리고 그러한 관계가 당신의 생각과 감정, 자존감 그리고 세상과 타인에 대한 신뢰에 어떤 깊은 상처를 남겼는지, 그 실체를 하나하나 파악하는 데 집중할 것이다. 이 과정은 당신이 잃어버렸던 당신 자신의 이야기와 감정을 되찾는 첫걸음이 될 것이다.

이 책을 조심스럽게 펼쳐 들었다면 다른 어떤 말보다 가장 먼저, 가장 분명하게 힘주어 전하고 싶은 메시지가 있다. 부디 이 말을 깊이 새겨 주길 바란다.

이 책은 결코, 당신의 잘못을 찾아내고 당신을 비난하기 위한 책이 아니다. 당신이 겪어야 했던 그 모든 고통과 혼란, 당신이 흘렸던 수많은 눈물과 잠을 이루지 못했던 밤은 절대 당신이 부족하거나 어리석어서, 뭔가 잘못해서 겪어야 했던 필연적인 결과가 아니다. 하필이면 나르시시스트와의 파괴적인 관계에 휘말리고, 그 안에서 헤어 나오지 못한 채 깊은 상처를 입었던 것은 어떤 치명적인 결함이 있어서가 절대로 아니다.

오히려 역설적으로 당신이 가진 따뜻함, 깊은 공감 능력, 관계에 대한 진지함과 헌신적인 책임감, 사람에 대한 기본적인 신뢰와 연민, 어려움을 외면하지 않는 선한 의지와 같은 소중한 강점이 안타깝게도 그에게는 너무나 매력적인 먹잇감이 되었고, 그의 자기애적 욕구를 채우기 위한 수단으로 교묘하게 이용당했을 가능성이 매우 크다. 나르시시스트는 타인의 건강한 특성 특히 정서적 깊이와 안정감을 가진 사람에게 본능적으로 끌리며, 그러한 특성을 자신의 공허한 내면을 채우는 데 활용하려 든다.

나르시시스트는 관계 초기에 마치 숙련된 사냥꾼처럼 상대방의 강점과 약점, 욕구와 상처를 놀랍도록 빠르고 정확하게 간파하는 능력을 보인다. 그는 당신의 선한 의도와 깊은 감정을 이용하여 당신 마음의 문을 열고, 당신이 꿈꿔왔던 이상적인 모습으로 자신을 포장하여 당신을 사로잡는다. 그리고 일단 당신의 신뢰와 애정을 얻고 나면, 점차 당신의 생각과 감정, 행동, 심지어 인간관계까지 통제하려 든다.

그의 대표적인 무기인 교묘한 가스라이팅은 당신의 기억과 판단력을 흐리게 하고, 당신 자신을 끊임없이 의심하게 만들며, 결국에는 현실 감각 자체를 송두리째 무너뜨린다. 점차 무엇이 진실이고 무엇이 거짓인지 구분할 수 없게 된다.

또한 불타는 듯한 열정적인 관심과 얼음장처럼 차가운 외면 즉 이상화와 평가절하를 예측 불가능하게 반복하는 그의 행동 패턴은 당신을 극심한 감정의 롤러코스터에 태우고, 혼란 속에서 그 관계를 놓지 못하는 강력한 트라우마 유대감Trauma Bonding에 깊이 가둔다. 이러한 복잡하고 압도적인 상황 속에서 "내가 뭔가 잘못하고 있는 것은 아닐까?", "내가 더 노력하면 그가 변하지 않을까?" 하고 생각하며 문제의 원인을 자신에게 돌리는 것은 어쩌면 너무나 인간적이고 자연스러운 반응일 수 있다. 하지만 그가 당신의 마음속에 교묘하게 심어 놓은 왜곡되고 거짓된 믿음의 씨앗일 뿐 결코 객관적인 진실이 아니다.

다시 한번 강조하지만, 당신은 속았던 것이지, 결코 어리석거나 나약했던 것이 아니다. 진심으로 사랑과 신뢰를 주었지만, 안타깝게도 그의 이기적인 목적을 위해 악용당한 것이다. 당신은 관계를 지키고 개선하기 위해 할 수 있는 최선을 다했지만, 상대방은 애초부터 상호 존중과 평등에 기반한 건강한 관계를 맺을 의도나 능력이 없었을 가능성이 크다.

그러니 이제 그만, 자신을 탓하는 일을 멈추고 자신을 향한 비난의 화살을 거두어도 괜찮다. 당신이 느꼈던 극심한 혼란과 참담한 고통은, 당신이 이상하거나 문제가 있어서가 아니라, 정서적으로 건강하지 못하고 파괴적인 성향을 지닌 사람과의 비정상적인 관계에서 나타나는 지극히 당연하고 정상적인 반응이다. 당신은 명백한 피해자이며, 고통스러운 경험과 그로 인해 파생된 모든 복잡한 감정은 온전히 인정받고 존중받아 마땅하다. 당신의 아픔은 진짜이며, 감정은 타당하다.

이 책은 바로 그 중요한 인식의 지점에서, 깊은 이해와 연민의 마음으로 함께 새로운 과정을 시작하고자 한다. 홀로 힘겹게 걸어왔던 지난 시간을 따뜻하고 안전한 시선으로 함께 돌아보며, 그 어둡고 혼란스러웠던 터널 속에서 느꼈던 온갖 복잡하고 모순적인 감정이, 결코 당신이 이상하거나 잘못되어서 느낀 것이 아님을 끊임없이 이야기하고 확인할 것이다.

나르시시스트가 관계 속에서 상대방을 통제하고 착취하기 위해 사용하는 다양한 조종의 기술(강렬한 사랑 폭격으로 시작하여 미묘한 비난과 평가절하, 현실을 왜곡하는 가스라이팅, 감정적 협박과 죄책감 전가, 침묵과 무시 전략, 질투심을 유발하는 삼각관계 만들기, 미래에 대한 헛된 약속 등)을 구체적인 사례와 함께 자세히 살펴보고, 그러한 교묘한 기술이 당신의 생각과 감정, 자존감 그리고 세상을 바라보는 방식에 어떤 파괴적인 영향을 미쳤는지 깊이 있게 탐구할 것이다.

왜 그토록 오랫동안 혼란스러워했는지, 왜 진실을 보지 못하고 그 관계의 늪에서 쉽게 벗어나기 어려웠는지 그리고 관계가 끝난 후에도 왜 여전히 그 그림자에서 벗어나지 못하고 힘든 시간을 보내고 있는지, 복잡하게 얽힌 이유를 명확하고 설득력 있게 이해할 수 있도록 최선을 다해 도울 것이다.

진정한 이해는 강력한 치유의 시작이다. 당신이 겪은 일의 실체, 그 관계의 본질을 정확히 아는 것은 오랫동안 옭아매고 괴롭혔던 끝없는 혼란과 자기 비난의 단단한 사슬을 스스로 끊어내는 놀랍고도 강력한 힘이 된다.

이 책을 통해 더 이상 방향 감각 없이 짙은 안갯속을 헤매지 않고, 그 고통스러운 경험에 비로소 이름을 붙이고, 그 의미를 객관적으로 재해석하며, 당신의 이야기를 되찾을 수 있게 될 것이다.

그리고 그 깊은 이해를 단단한 발판 삼아, 오랫동안 방치되고 상처 입었던 마음을 따뜻하게 돌보고, 무참히 짓밟히고 무너졌던 자존감을 건강하게 회복할 것이다. 그리고 마침내 삶의 온전한 주체로서 당당히 바로 설 수 있는 구체적이고 실질적인 방법들을 함께 찾아 나갈 것이다.

물론 이 과정이 항상 쉽거나 즐겁지만은 않을 수 있다. 마음 깊숙이 묻어 두었던 아픈 기억과 외면하고 싶었던 불편한 감정들을 다시 꺼내어 마주하는 것은, 때로는 상당한 용기와 인내가 필요한 일이다. 과거의 상처를 건드리는 것은 필연적으로 아픔을 동반할 수 있다.

하지만 당신은 더 이상 혼자가 아니다. 이 책은 회복의 과정에서 당신의 손을 잡아 주는 든든한 동반자이자, 길을 밝혀 주는 충실한 안내자가 되어 줄 것이다. 이야기에 진심으로 귀 기울이고, 아픔에 깊이 공감하며, 나아가야 할 건강한 길을 함께 모색하고 찾아 나설 것이다.

기억하라. 당신 안에는 이미 자신을 치유하고, 어떤 어려움 속에서도 다시 일어서서 당신의 삶을 아름답게 피워 낼 수 있는 놀라운 힘과 지혜가 존재한다. 이 책은 단지 잠재된 그 강인한 생명력과 회복력을 발견하고 온전히 발휘할 수 있도록 곁에서 조용히 그러나 굳건히 지지하고 도울 뿐이다.

이제, 잠시 눈을 감고 편안하게, 깊은숨을 한 번 크게 내쉬어 보자. 그리고 천천히 아팠던 이야기를 마주할 준비를 해 보자. 끝나지 않을 것만 같았던 그 어둡고 긴 혼란의 터널 속에서 마침내 한 줄기 빛처럼 이 책을 발견했다. 결코 우연이 아닐 것이다. 그것은 바로 삶이 정체된 과거에서 벗어나 새로운 희망의 방향으로 나아가기 시작했다는 소중하고 의미 있는 신호이다.

당신의 잘못이 아니었음을 온전히 받아들이고, 잃어버렸던 자신을 되찾아가는 치유와 성장의 과정을 이제, 바로 지금, 함께 시작해 보자. 삶은 그 누구도 아닌, 온전히 자신의 것이며,

'나'는 세상 그 무엇과도 바꿀 수 없는 소중한 존재로서 충분히 사랑받고 행복할 자격이 있다.

황규진

▶ 일러두기
이 책 속의 '그'는 남녀노소를 특정하지 않으며, '나르시시스트' 전체를 통칭하는 지시대명사입니다.

목차

프롤로그 | 혹시, 당신도 길을 잃었나요 004

PART 01 무엇이 잘못되었을까 { 관계의 첫 신호 }

001 | 처음에는 모든 것이 완벽했다 020
002 | 미묘하게 어긋나기 시작한 균형 035
003 | 내 감정이 이상한 걸까 { 혼란의 시작 } 051

PART 02 가면 뒤의 얼굴 { 나르시시스트의 작동 방식 }

004 | 왜 나였을까 { 그가 당신을 선택한 이유 } 068
005 | 당신을 옭아매는 보이지 않는 줄 { 조종의 기술 } 080
006 | 그의 세계에는 '나'만 존재한다 100
007 | 마치 대본이라도 있는 것처럼 행동한다 112

PART 03 관계의 폭풍 속에서 길을 잃다 { 당신이 겪는 고통의 정체 }

008 | 롤러코스터 같은 감정의 소용돌이 152
009 | 점점 나를 잃어가는 느낌 164
010 | 몸이 보내는 신호 175
011 | 끝나도 끝나지 않은 이야기 { 관계 후유증 } 185

PART 04 안개 속에서 빠져나오다 { 자신을 되찾는 과정 }

012 | 진실을 마주할 용기 198
013 | 경계선을 다시 긋다 { '아니오' 말하기 연습 } 207
014 | 내 안의 상처받은 아이를 돌보다 220
015 | 나를 위한 지지 시스템을 만들다 233

PART 05 나다운 삶을 향하여 { 회복과 성장 }

016 | 내면의 목소리에 귀 기울이다 246
017 | 건강한 관계 맺기를 위한 준비 257

에필로그 | 자신의 삶은 온전히 자신의 것이다 270

PART

01

무엇이
잘못되었을까

{ 관계의 첫 신호 }

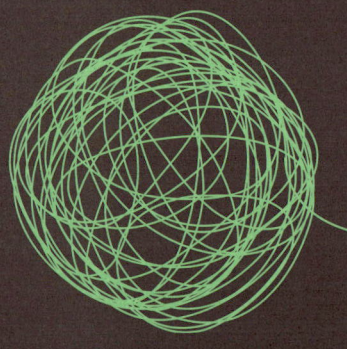

관계는 간혹 예상치 못한 풍경 속으로 이끈다. 특히 마음을 송두리째 흔들었던 그 사람과의 시작은, 어쩌면 한 편의 영화처럼 강렬하고 운명적으로 느껴졌을 것이다. 모든 것이 완벽해 보였고, 세상에 오직 둘만 존재하는 듯한 특별함 속에서 기꺼이 그 관계 속으로 걸어 들어갔다.

하지만 시간이 흐르면서 서서히 혹은 갑작스럽게, 완벽해 보였던 그림에 균열이 생기기 시작한다. 설명할 수 없는 불안감, 이해할 수 없는 그의 행동 그리고 점점 깊어지는 혼란. 이 모든 것은 어디서부터 잘못된 것일까?

이번 1부에서는 바로 그 시작점으로 돌아가려 한다. 당신이 느꼈던 강렬한 끌림의 순간부터 미묘한 불협화음이 감지되기 시작했던 때, 그리고 마침내 당신의 감정마저 의심하게 만들었던 혼란의 초기 단계까지. 놓쳤거나 애써 외면했을지도 모르는 관계의 첫 신호를 차분히 되짚어볼 것이다.

이 과정은 당신을 비난하거나 과거를 후회하게 만들기 위함이 아니다. 오히려 경험의 실체를 명확히 인식하고, 왜 그토록 힘들었는지 이해하는 첫걸음이 될 것이다. 당신의 기억과 감정은 소중하며, 이제 그 의미를 제대로 찾아줄 시간이다.

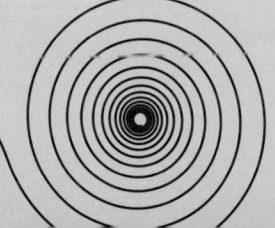

001

처음에는

모든 것이

완벽했다

세상에 그 어떤 사랑이 처음부터 삐걱거리기를 바라며 시작될까. 모든 관계의 시작은 설렘과 기대로 가득 차기 마련이다. 하지만 유독 그 사람과의 시작은 달랐다. 평범한 설렘을 넘어선 강렬함, 마치 오랜 시간 찾아 헤매던 마지막 퍼즐 조각을 찾은 듯한 운명적인 느낌. 모든 것이 너무나 완벽해서 오히려 비현실적으로 느껴질 정도였다.

그 완벽함 속에서 이전에는 경험하지 못했던 깊은 행복감과 안정감을 느꼈을 것이다. 그리고 아마도 이것이 바로 '진짜 사랑'이라고, '운명'을 만난 것이라고 확신했을 것이다.

운명처럼 다가온 사람, 빠져들 수밖에 없었던 이유

그 사람은 마치 마음속을 훤히 들여다보는 것처럼 행동했다. 무엇을 원하고 무엇을 좋아하며, 어떤 말에 감동하는지 정확히 알고 있는 듯했다. 평소 흥미를 느끼던 주제에 대해 해박한 지식을 뽐내거나 꿈꿔왔던 이상적인 데이트를 현실로 만들어 주기도 했다. 사소한 습관이나 말투까지 기억하고 언급하며, "우리는 정말 놀랍도록 비슷하다" 혹은 "이런 사람을 만난 건 처음이야"와 같은 말로 특별한 연결고리를 강조했다.

마치 거울을 보는 듯한 기분을 느꼈을 것이다. 그 사람은 가치관, 취미, 심지어 어린 시절의 경험까지 공유하는 것처럼 보였다. 좋아하는 영화감독, 즐겨 듣는 음악가, 가 보고 싶었던 여행지에 대해 이야기할 때도 그는 마치 오래전부터 같은 꿈을 꾸어 온 사람처럼 맞장구를 쳤다.

때로는 미처 말로 표현하지 못한 내면의 생각이나 감정까지 정확히 읽어 내며 놀라게 만들기도 했다. 이러한 경험은 '이 사람이야말로 나를 온전히 이해해 주는 단 한 사람'이라는 강한 믿음을 심어 주었다.

바로 나르시시스트가 관계 초기에 사용하는 '미러링Mirroring' 기법의 전형적인 모습이다. 그는 상대방의 특성과 욕구를 빠르게 파악하고 그것을 그대로 반사하여 보여 줌으로써, 마치 두 사람이 놀라울 정도로 깊이 연결되어 있다는 착각을 불러일으킨다.

이러한 '운명적인 만남'의 연출은 경계심을 단숨에 허물어뜨린다. 사람은 본능적으로 자신과 비슷한 사람에게 끌리고 신뢰를 느끼기 때문이다. 특히 과거의 관계에서 상처받았거나 외로움을 느끼고 있었다면, 완벽하게 나를 이해해 주고 받아 주는 듯한 사람의 등장은 가뭄의 단비처럼 느껴졌을 것이다.

이 관계가 특별하며 이전과는 다른 깊이와 의미를 지닐 것이라고 굳게 믿게 된다. 이성적인 판단보다는 감정적인 끌림이 관계를 주도하게 되고, 기꺼이 그 '운명' 속으로 빠져들 수밖에 없었다. 그가 보여 주는 모습이 그의 진정한 전부라고 믿었고, 그 믿음은 당신의 마음을 활짝 열게 했다. 그 강렬한 시작 앞에서, 어쩌면 자신도 모르게 이 관계에 모든 것을 걸 준비를 하고 있었는지도 모른다.

건강한 관계가 서로를 알아가는 탐색의 과정이라면, 나르시시스트와의 시작은 마치 이미 정해진 결말을 향해 돌진하는 급행열차와 같았다. 그리고 그 속도감과 강렬함에 매료되어 기꺼이 그 열차에 올라탔다.

그가 삶에 등장했을 때, 아마도 어떤 종류의 결핍이나 공허함을 느끼고 있었을지도 모른다. 그것은 외로움일 수도 있고, 낮은 자존감일 수도 있으며 혹은 과거의 상처로부터 비롯된 인정과 사랑에 대한 깊은 갈망일 수도 있다. 나르시시스트는 놀랍도록 예리한 감각으로 상대방의 취약한 부분을 감지해 낸다. 그리고 마치 구원자라도 되는 듯 정확히 당신이 필요로 하는 모습으로 다가온다.

만약 지적인 자극에 목말라 있었다면, 그는 해박한 지식과 통찰력을 가진 사람처럼 보였을 것이다. 만약 정서적인 지지와 따뜻함을 갈망했다면, 그는 세상 누구보다 마음을 잘 이해해 주고 보듬어 주는 사람처럼 행동했을 것이다.

그의 '미러링'은 단순한 흉내 내기를 넘어선다. 그는 당신의 말과 행동, 가치관을 반영할 뿐만 아니라, 무의식적으로 갈망하는 이상적인 파트너의 모습을 투영하여 보여 준다. 그는 잠재된 욕망을 읽어 내고, 마치 꿈을 현실로 만들어 줄 수 있는 유일한 사람인 것처럼 자신을 포장한다.

예를 들어 안정적인 미래를 꿈꾼다면, 그는 자신의 성공적인 커리어나 재정적 안정감을 강조하며 미래에 대한 장밋빛 청사진을 제시했을 것이다. 자유로운 영혼을 동경한다면, 그는 틀에 얽매이지 않는 예술가적인 면모나 모험적인 정신을 부각하며 내면에 잠재된 열망을 자극했을 것이다.

이러한 맞춤형 접근 방식은 '운명적인 사람'이라는 강렬한 착각을 불러일으킨다. 그가 보여 주는 모습이 그의 진짜 모습이라고 철석같이 믿게 되며, 그 믿음은 이성적인 경계심을 완전히 무장 해제하게 만든다. 그의 말이라면 무엇이든 믿고 싶어지고, 그가 제시하는 관계의 방향에 기꺼이 몸을 싣게 된다. 마치 오랜 가뭄 끝에 만난 단비처럼, 그의 존재는 모든 결핍을 채워 주고 당신을 완전하게 만들어 줄 것이라는 환상을 심어 준다.

또한 나르시시스트와의 초기 관계에서 느껴지는 강렬한 반응은 건강한 관계와 혼동되기 쉽다. 하지만 이 강렬함은 진정한 친밀감이나 정서적 교감에서 비롯된 것이라기보다는, 미러링과 러브 바밍 같은 인위적인 전략에 의해 증폭된 흥분과 기대감에 가깝다.

인위적으로 만들어진 강렬함을 '운명적인 사랑의 증거'로 오해하고, 그 감정에 중독되어 관계의 위험 신호를 간과하게 된다. 그의 실제 모습이 아닌 그가 투영한 이상적인 환영과 사랑에 빠졌던 것이다. 그리고 그 환영이 너무나 매력적이었기에, 당신은 기꺼이 현실을 외면하고 그 환상 속에 머물기를 선택했을지도 모른다. 돌이켜 보면 당신이 빠져들었던 것은 그 사람 자체가 아니라, 그가 당신의 욕망을 이용하여 정교하게 만들어 낸 '운명적인 사랑'이라는 이름의 잘 짜인 연극이었을 수 있다.

과도한 찬사와 관심, '운명'이라는 착각

그 사람은 찬사를 아끼지 않았다. 외모, 스타일, 지성, 유머 감각, 심지어 자신도 인식하지 못했던 사소한 장점까지 찾아내어 끊임없이 칭찬했다. 그 칭찬은 단순히 '예쁘다'라거나 '멋지다'라는 수준을 넘어서, 매우 구체적이고 때로는 과장된 표현으로 당신을 특별한 존재로 만들었다.

"당신 같은 사람은 처음 본다", "당신은 내가 꿈꿔왔던 이상형 그 자체다", "당신을 만나기 위해 내가 지금까지 존재했던 것 같다"와 같은 말은 자존감을 하늘 높이 끌어올렸다. 특히 평소에 자신 없어 하거나 콤플렉스라고 생각했던 부분에 대해 집중적으로 찬사를 보내며, 불안감을 해소하고, 깊은 감동을 선사했다.

관심 또한 상상을 초월했다. 종일 안부를 묻는 메시지와 전화가 쏟아졌고, 일거수일투족에 깊은 관심을 보였다. 무엇을 하고 있는지, 누구와 있는지, 어떤 기분인지를 끊임없이 궁금해했고, 사소한 이야기 하나하나에 귀 기울이며 열렬히 반응했다. 때로는 직장이나 집 앞에 예고 없이 나타나 선물을 건네거나, 좋아할 만한 것을 세심하게 준비하여 감동을 주었다.

이러한 끊임없는 관심과 애정 공세는 '나는 정말로 사랑받고 있구나', '이 사람은 나에게 완전히 빠져 있구나' 하는 확신을 심어 주었다. 이것이 바로 '러브 바밍Love Bombing'이라고 불리는, 나르시시스트가 관계 초기에 상대를 사로잡으려 할 때 나타나는 행동이다. 마치 폭격처럼 사랑과 관심을 퍼부어 상대방의 마음을 단기간에 점령하는 것이다.

과도한 찬사와 관심은 '운명'을 만났다는 착각을 강화시킨다. 이 사람이 자신을 세상 누구보다 잘 알고, 깊이 이해하며, 진심으로 아껴준다고 믿게 된다. 그의 관심과 칭찬은 강력한 긍정적 강화를 제공하고, 점차 그에게 정서적으로 의존하게 된다. 그의 인정과 사랑 없이는 자신의 가치를 느끼기 어려워지는 상태로 나아갈 수도 있다.

건강한 관계에서의 관심과 칭찬이 상호 존중과 진심에 기반하여 점진적으로 발전하는 것과 달리 러브 바밍은 일방적이고 압도적이며, 관계의 속도를 비정상적으로 빠르게 진행시킨다. 그가 만들어 낸 완벽한 사랑의 환상 속에서 현실 감각을 잃고, 그에게 완전히 매료된다. 마치 강력한 마법에 걸린 것처럼 그의 존재가 삶의 전부인 것처럼 느끼기 시작한다. 이 '운명'이라는 달콤한 착각은 앞으로 다가올 관계의 폭풍을 전혀 예상하지 못한 채 더 깊은 관계의 늪으로 이끄는 강력한 동력이 된다.

나르시시스트의 러브 바밍은 단순히 칭찬과 관심을 많이 표현하는 수준을 넘어 전략적이고 계산적으로 나타난다. 어떤 부분을 칭찬해야 가장 효과적인지, 어떤 종류의 관심이 마음을 가장 빠르게 녹일 수 있는지 본능적으로 알고 있다.

그는 당신의 SNS를 샅샅이 훑어보거나 친구들에게 당신에 대해 캐묻거나 혹은 초기 대화에서 얻은 정보를 바탕으로 약점과 욕구를 파악한다. 그리고 정확히 그 지점을 공략한다. 만약 외모에 대한 콤플렉스가 있다면, 당신의 외모를 세상에서 가장 아름답다고 끊임없이 찬양할 것이다. 만약 지적인 열등감을 가지고 있다면, 당신의 생각이나 의견이 얼마나 독창적이고 깊이 있는지를 강조하며 지적인 존재로 추켜세울 것이다.

그의 관심 표현 역시 마찬가지다. 그는 감동할 만한 제스처를 정확히 알고 행동한다. 좋아하는 꽃, 가고 싶어 했던 레스토랑, 갖고 싶어 했던 물건까지. 마치 당신의 마음속에 들어갔다 나온 것처럼 취향을 저격하는 선물과 이벤트로 놀라움을 선사한다.

또한 당신의 모든 소셜 미디어 게시물에 '좋아요'를 누르고 열정적인 댓글을 달며, 주변 사람들에게 당신이 얼마나 멋진 사람인지를 끊임없이 이야기하고 다닌다. 이러한 전방위적인 애정 공세는 '나는 세상에서 가장 특별하고 사랑받는 존재'라는 황홀한 감정을 느끼게 한다.

이 과정에서 '운명적인 만남'이라는 단어는 매우 중요한 역할을 한다. 그는 의도적으로 이 단어를 자주 사용하며, 당신과의 관계가 평범한 연인 관계를 넘어선 영적인 연결임을 강조한다. "우리는 전생에서부터 이어진 인연일 거야", "당신을 만나기 전까지 진정한 사랑을 몰랐어", "당신은 나의 반쪽이야"와 같은 말은 이성적인 판단을 마비시키고, 관계에 대한 비현실적인 기대를 심어 준다. 이 관계가 특별하며 어떤 어려움이 닥쳐도 극복할 수 있는 운명적인 관계라고 믿게 만든다.

하지만 러브 바밍 단계에서의 과도한 찬사와 관심은 진정한 애정과 존중에서 우러나온 것이 아니다. 그것은 당신을 빠르게 자신에게 묶어 두고, 정서적 의존성을 높이며, 궁극적으로 통제하기 위한 사전 작업이다. 마치 사냥꾼이 먹잇감을 유인하기 위해 미끼를 던지듯 나르시시스트는 마음을 얻기 위해 사랑이라는 이름의 달콤한 미끼를 던지는 것이다.

그가 보여 준 완벽한 모습과 쏟아부었던 열정적인 관심은, 안타깝게도 그의 진심이 아니라 당신을 사로잡기 위한 연기였을 가능성이 크다. 그리고 '운명적인 관계'라는 아름다운 이름표 뒤에는 당신의 영혼을 잠식하려는 그의 숨겨진 의도가 도사리고 있었다. 이 시기에 느꼈던 황홀경은 훗날 겪게 될 고통의 깊이를 예고하는 전조였을지도 모른다.

이상하리만치 빠른 관계의 진전

그 사람과의 관계는 놀라울 정도로 빠르게 깊어졌다. 만난 지 얼마 되지 않았음에도 불구하고, 마치 오랜 연인처럼 삶 깊숙이 들어왔다. 매일 만나는 것은 기본이고, 연락이 잠시라도 끊기면 불안해하거나 서운함을 표현했다. 당신의 친구나 가족을 일찍 만나고 싶어 했고, 자기 친구나 가족에게 당신을 '운명의 상대'나 '결혼할 사람'으로 소개하기도 했다. 미래에 대한 구체적인 계획, 예를 들어 동거나 결혼, 자녀 계획 등을 성급하게 이야기하며 관계의 다음 단계로 빠르게 이끌었다.

이러한 속도에 처음에는 당황했을 수도 있다. 하지만 그의 열정적인 태도와 '우리는 특별하니까 괜찮다'라는 논리 그리고 이미 형성된 '운명'이라는 믿음 속에서, 이 빠른 속도를 관계의 진정성과 깊이의 증거로 받아들였을 가능성이 크다.

'이렇게 확신에 차 있는 걸 보면 정말 나를 사랑하는 거겠지', '이렇게 빨리 가까워지는 걸 보면 우리는 정말 운명인가 봐'라고 생각하며, 관계의 속도에 대한 의심보다는 그의 열정에 발맞추려 노력했을 것이다. 그는 작은 망설임조차 '나를 믿지 못하는 것이냐?'라며 서운함이나 압박감으로 되돌려 주어 관계의 속도에 의문을 제기하기 어렵게 만들었다.

나르시시스트에게 관계의 빠른 진전은 여러 가지 목적을 달성하기 위한 전략적인 행동이다.

첫째, 빠르게 자기 영향력 아래에 두려는 시도이다. 관계가 깊어지고 주변 사람들에게 공식화될수록 그 관계에서 벗어나기 어려워진다.

둘째, 빠른 속도는 그의 본모습을 알아차리거나 관계의 문제점을 객관적으로 평가할 시간적, 심리적 여유를 빼앗는다. 강렬한 감정의 소용돌이 속에서 이성적인 판단을 내리기 어렵게 된다.

셋째, 기존의 사회적 관계망으로부터 당신을 고립시키는 효과를 가져온다. 시간과 에너지가 온통 그에게 집중되면서 자연스럽게 친구나 가족과 보내는 시간이 줄어들고, 나중에 그가 통제하기에 더 쉽게 만드는 기반이 된다.

건강한 관계는 서로에 대한 이해와 신뢰를 바탕으로 점진적으로 발전한다. 서로의 영역을 존중하며 충분한 시간을 가지고 서로를 알아가고, 관계의 각 단계에 대한 합의를 이루어 나간다.

하지만 나르시시스트와의 관계는 이러한 건강한 과정을 생략하고, 오직 그의 욕구와 속도에 맞춰 일방적으로 진행된다. 그가 설계한 '완벽한 미래'라는 청사진에 압도되어, 자신도 모르는 사이에 그의 페이스에 완전히 말려들게 된다. 이상하리만치 빠른 관계의 진전은, 지금 돌이켜 보면 삶에 대한 통제권을 그에게 넘겨주는 첫 번째 단계였을지도 모른다. 그 달콤했던 순간 뒤에는 당신의 자율성을 옭아매려는 보이지 않는 의도가 숨어 있었다.

관계의 속도에 대한 불편함이나 의구심은 교묘하게 무시되거나 오히려 약점으로 치부되었을 것이다. "우리 너무 빠른 거 아니야?"라고 조심스럽게 문제를 제기하면, "우리의 감정이 이렇게 확실한데 시간이 무슨 상관이야?", "혹시 나를 믿지 못하는 거야?", "진정한 사랑은 원래 이렇게 빠르게 다가오는 거야"와 같은 말로 우려를 일축했을 것이다.

그는 신중함을 관계에 대한 확신 부족이나 사랑의 결핍으로 몰아가며, 죄책감을 느끼거나 스스로 의심하게 만들었다. '내가 너무 부정적인가?', '괜한 걱정을 하는 건가?'라고 생각하며, 결국 그의 속도에 맞춰 관계를 진행시키는 데 동의하게 만든다.

그가 관계의 빠른 진전을 추구하는 또 다른 이유는, 그의 내면에 있는 깊은 공허함과 불안감 때문이다. 나르시시스트는 자기 존재에 대한 확신이 부족하며, 타인으로부터의 끊임없는 관심과 인정을 통해 자신의 가치를 확인하려 한다. 새로운 관계가 주는 강렬한 흥분과 상대방의 이상화는 그의 공허한 내면을 일시적으로 채워 주는 마약과 같다.

따라서 가능한 한 빨리 관계를 깊은 단계로 진전시켜 완전한 헌신과 몰입을 확보하고, 이를 통해 자신의 존재감을 확인받고 싶어 한다. 그는 관계의 안정적인 발전이나 깊이 있는 교감보다는, 관계의 외형적인 틀(연인, 약혼자, 부부)을 빠르게 갖춰서 자신의 불안감을 해소하려는 경향을 보인다.

또한 빠른 관계 진전은 그의 통제 욕구를 만족시키는 효과적인 수단이다. 관계가 공식화되고 깊어질수록 그는 삶에 더 깊숙이 개입하고 행동반경을 제한할 명분을 얻게 된다. '연인' 또는 '배우자'라는 이름으로 시간, 돈, 인간관계 등에 간섭하고 통제하려 들 수 있다.

그는 당신을 자신의 소유물처럼 여기며, 독립적인 자아를 인정하지 않으려 할 수 있다. 친구와 만나는 것을 싫어하거나 가족과 연락하는 것을 통제하려 하고, 취미 활동이나 사회생활에 대해 부정적인 반응을 보이는 것은, 모두 당신을 고립시키고 자신에게만 의존하게 만들려는 시도일 수 있다.

건강한 관계는 두 사람이 각자의 속도를 존중하며 함께 보조를 맞춰 나가는 마라톤과 같다. 하지만 나르시시스트와의 관계는 그의 페이스에 맞춰 숨 가쁘게 달려야 하는 단거리 경주와 같다. 그의 속도에 맞추느라 지쳐가지만, '운명'이라는 이름표 때문에, 그를 잃을지 모른다는 두려움 때문에 멈추지 못하고 계속해서 달려 나간다.

돌이켜 보면 이상하리만치 빠른 관계의 속도는 의지와 상관없이 그의 통제 시스템 안으로 빠르게 편입시키려는 치밀한 계획이었을 수 있다. 그 속도에 제동을 걸지 못했던 대가는 결국 당신의 자율성과 정체성을 서서히 잃어버리는 것이었다.

002

미묘하게 어긋나기 시작한 균형

영원할 것 같았던 완벽한 시간도 잠시, 언제부턴가 관계에 미묘한 불협화음이 감지되기 시작한다. 이전과는 다른 낯선 공기, 설명하기 어려운 찝찝함이 마음을 스친다. 하지만 여전히 강렬했던 초기의 기억과 그가 보여 주었던 완벽한 모습 때문에, 이러한 변화를 대수롭지 않게 여기거나 애써 외면하려 했을지도 모른다.

'내가 너무 예민한 걸까?', '원래 관계란 좋은 날도 있고 나쁜 날도 있는 거니까'라고 자신을 다독이며, 불안한 마음을 잠재우려 했을 것이다. 하지만 돌이켜 보면, 이때부터 관계의 균형은 서서히 그러나 분명하게 기울어지고 있었다. 당신을 하늘 높이 띄웠던 그의 손길은 이제 조금씩 깎아내리고 흔들기 시작했다.

사소한 비난과 평가절하의 시작

그 뜨겁던 찬사는 어디로 갔을까. 언제부턴가 그는 작은 실수나 단점에 대해 지적하기 시작했다. 처음에는 농담처럼 가볍게 혹은 '다 너를 위해서 하는 말'이라는 포장 속에서 시작되었을 것이다. 옷차림이나 헤어스타일에 대해 "그 옷은 너한테 좀 안 어울리는 것 같아", "예전 스타일이 더 좋았는데"와 같은 말을 던지거나, 당신의 의견이나 생각에 대해 "그건 좀 순진한 생각 아니야?", "넌 세상을 너무 몰라"라며 은근히 무시하는 태도를 보였다.

때로는 다른 사람들 특히 그의 이전 연인이나 매력적인 이성과 비교하며 자존심을 건드리기도 했다. 'OO는 이런 걸 참 잘했는데', 'OO는 몸매 관리를 정말 열심히 했지'와 같은 말은 마음에 날카로운 생채기를 남겼다.

이러한 비난과 평가절하는 매우 교묘하게 이루어지기 때문에, 즉각적으로 불쾌감을 느끼면서도 그것이 '학대'라고 인식하기는 어려웠을 것이다. 그의 말은 애정 어린 조언이나 장난으로 위장되었고, 불쾌감을 표현하면 "왜 그렇게 예민하게 굴어?", "농담도 못해?", "나는 그냥 솔직하게 말했을 뿐인데"라며 오히려 이상한 사람으로 몰아갔다.

그의 말을 곱씹으며 '정말 내가 이상한 건가?', '내가 너무 속이 좁은가?' 하고 자신을 검열하기 시작했다. 혹은 '그가 나를 얼마나 아끼면 이런 지적까지 해 주겠어'라고 그의 행동을 합리화하며 상처받은 마음을 애써 외면했을지도 모른다.

'평가절하Devaluation' 단계의 시작을 알리는 신호이다. 나르시시스트는 이상화 단계를 통해 마음을 완전히 사로잡고 나면, 서서히 가치를 깎아내리기 시작한다. 이는 당신을 통제하고 자신의 우월감을 확인하려는 욕구에서 비롯된다. 자존감을 무너뜨림으로써 자신에게 더 의존하게 만들고, 관계의 주도권을 장악하려는 것이다.

그는 약점이나 불안감을 정확히 파악하고 그 부분을 집중적으로 공격한다. 처음에는 사소하고 간헐적으로 시작되지만, 시간이 지남에 따라 그 빈도와 강도는 점차 높아진다. 당신을 향한 비난과 평가는 점차 노골적으로 변하고, 존재 자체를 부정하는 듯한 말도 서슴지 않게 된다. 이 미묘한 비난과 평가절하의 시작은 자아를 서서히 좀먹고 당신을 정서적 지배 아래 두려는 그의 의도가 담긴 위험한 신호탄이었다.

평가절하의 시작은 눈치채기 어려울 만큼 교묘하고 점진적으로 이루어진다. 그는 특정 행동이나 습관에 대해 '걱정'이나 '조언'을 가장하여 비판을 시작할 수 있다. "당신 건강을 생각해서 하는 말인데, 살을 좀 빼는 게 좋지 않을까?", "나는 당신이 더 발전했으면 하는 마음에 솔직하게 이야기하는 거야. 그 일 처리 방식은 좀 비효율적인 것 같아"와 같은 말은 겉으로는 위하는 것처럼 보이지만, 실제로는 자존감을 깎아내리고 자신의 기준에 맞추려는 시도이다.

그는 성취나 성공에 대해서도 미묘하게 그 가치를 깎아내릴 수 있다. 승진 소식을 전했을 때, "축하해. 그런데 그 자리는 원래 좀 한직 아니야?"라고 말하거나 노력해서 얻은 결과물에 대해 "운이 좋았네"라고 평가절하하며 당신의 기쁨에 찬물을 끼얹을 수 있다.

또한 '유머'라는 이름으로 조롱하거나 비하하는 발언을 할 수 있다. 다른 사람들 앞에서 작은 실수나 단점을 웃음거리로 만들거나, 외모나 능력에 대해 농담처럼 비꼬는 말을 던진다. 불쾌감을 표현하면 "왜 이렇게 진지하게 받아들여? 그냥 장난인데", "유머 감각이 없네"라며 예민하고 재미없는 사람으로 몰아간다.

'유머를 가장한 공격'은 항의를 무력화시키고, 그의 행동에 대한 문제 제기를 어렵게 만든다. 점차 그의 '농담'에 익숙해지고, 자존감을 얼마나 갉아먹고 있는지조차 인식하지 못하게 만들 수 있다.

비교는 평가절하의 또 다른 흔한 형태이다. 그는 의도적으로 다른 사람들과 비교하며 부족함을 강조한다. 특히 그의 이전 연인이나 그가 매력적이라고 생각하는 다른 이성과의 비교는 깊은 상처와 불안감을 안겨 준다.

"내 전 여자친구는 요리를 정말 잘했는데", "내 친구 와이프는 항상 남편에게 저렇게 상냥하게 대하더라"와 같은 말은 끊임없이 당신 자신을 다른 사람들과 비교하게 만들고, 그 기준에 미치지 못한다며 스스로 자책하게 만든다. 그는 이러한 비교를 통해 당신의 자신감을 약화시키고, 당신이 자신에게 더 잘 보이려고 노력하게 만들며, 관계에서의 우위를 점하려 한다.

사소해 보이는 비난과 평가절하는 당신의 내면에 서서히 독처럼 퍼져 나간다. 당신은 점차 자신감을 잃고 자신을 부정적으로 인식하기 시작한다. '나는 충분하지 않아', '나는 사랑받을 자격이 없어', '나는 항상 뭔가 부족해'와 같은 생각이 당신 마음을 지배하게 만든다.

또한 그의 인정을 받기 위해, 그의 비난을 피하려고 끊임없이 그의 기준에 자신을 맞추려 애쓰게 된다. 개성과 고유한 색깔은 점점 희미해지고, 그가 원하는 모습으로 자신을 바꾸려 노력하는 꼭두각시처럼 변해갈 수 있다. 평가절하의 시작은 단지 관계의 균형이 깨지는 것을 넘어, 당신이라는 존재 자체가 서서히 침식당하기 시작했음을 알리는 위험한 신호였다.

약속을 어기고 말을 바꾸는 그 사람

관계 초기에 그토록 신뢰감을 주었던 그의 모습은 점차 희미해지기 시작했다. 당신과의 약속을 사소하게 여기거나 아무렇지 않게 어기기 시작했다. 데이트 시간에 상습적으로 늦거나 중요한 약속을 갑자기 취소하는 일이 잦아졌다.

처음에는 그럴듯한 이유를 대며 미안함을 표현했지만, 점차 변명은 성의가 없어지고, 심지어 약속 자체를 잊어버리거나 당신이 잘못 기억하고 있다고 우기기도 했다. "내가 언제 그런 약속을 했어?", "네가 날짜를 착각한 거 아니야?", "그렇게 중요한 약속이었어?"와 같은 말은 혼란스럽게 만들었다.

말을 바꾸는 일도 빈번해졌다. 분명히 그가 했던 말이나 약속했던 내용에 대해 나중에 물어보면, 전혀 다른 이야기를 하거나 그런 말을 한 적이 없다고 잡아뗐다. 때로는 말 바꾸기를 지적하면, "네가 내 말을 잘못 이해한 거야", "내 의도는 그게 아니었어", "왜 자꾸 과거 얘기를 꺼내?"라며 오히려 예민하거나 집요한 사람으로 몰아갔다.

결국 자신의 기억력과 판단력에 대해 의심하기 시작했다. '내가 정말 잘못 들었나?', '내가 너무 사소한 것에 집착하는 걸까?' 하는 생각에 사로잡혔다.

'가스라이팅Gaslighting'의 초기 형태이자 신뢰를 무너뜨리는 전형적인 방식이다. 약속을 어기고 말을 바꾸는 행동을 반복하여 당신의 현실 감각을 흔들고 자신을 믿지 못하게 만든다. 또한 관계의 안정성을 해치고 불안하게 만들어, 당신이 더 매달리고 그의 눈치를 보게 만든다. 그는 이러한 혼란을 통해 관계의 통제권을 강화하고, 자신의 무책임하고 이기적인 행동에 대한 책임을 회피한다.

건강한 관계는 상호 신뢰와 약속 이행을 바탕으로 이루어진다. 사람은 누구나 실수를 할 수 있지만, 건강한 파트너는 자기 잘못을 인정하고 책임을 지려 노력하며, 상대방의 신뢰를 회복하기 위해 애쓴다.

하지만 나르시시스트는 자기 잘못을 인정하는 것을 극도로 꺼리며 오히려 상대방을 탓하거나 상황을 왜곡하여 책임을 전가한다. 그에게 약속이란 지켜야 할 의무가 아니라 상황에 따라 얼마든지 바꿀 수 있는 말에 불과할 수 있다. 그의 잦은 약속 어김과 말 바꾸기에 대해 느꼈던 실망감과 혼란은 결코 사소한 것이 아니었다. 그것은 관계의 근간인 신뢰가 무너지고 있다는 명백한 경고 신호였으며, 앞으로 더 심각해질 가스라이팅의 시작을 예고하는 것이었다.

그의 약속 어김과 말 바꾸기는 단순한 건망증이나 무책임함의 문제가 아닐 수 있다. 그것은 현실 감각을 조종하고 혼란에 빠뜨리려는 의도적인 전략인 가스라이팅의 일환일 가능성이 크다.

그는 기념일이나 함께 계획했던 여행 등을 아무렇지 않게 잊어버리거나 다른 일정을 우선시하며 취소할 수 있다. 그리고 실망감을 표현하면 "네가 너무 기대가 컸던 거 아니야?", "그게 그렇게 중요한 일이었어?", "나 요즘 얼마나 바쁜지 몰라서 그래?"와 같이 당신의 감정을 하찮게 만들거나 이기적인 사람으로 몰아갈 수 있다.

말을 바꾸는 행위는 더욱 교묘하게 이루어진다. 그는 어떤 사안에 대해 분명히 A라고 말했지만, 나중에 상황이 불리해지면 B를 말했다고 주장하거나 아예 그런 말을 한 적이 없다고 딱 잡아뗄 수 있다.

그의 이전 발언을 상기시키려 하면, 당신의 기억력을 문제 삼거나 자기 말을 왜곡해서 듣는다고 비난할 수 있다. "너 요즘 너무 예민해서 내 말을 오해하는 것 같아", "나는 그런 뉘앙스로 말한 게 아니었는데 네가 잘못 해석한 거야", "네 기억력, 확실해?"와 같은 말은 스스로 인지 능력을 의심하게 만든다.

이런 행동이 반복되면 무엇이 진실인지 혼란스러워지기 시작한다. 당신 자신의 기억보다 그의 주장을 더 신뢰할 수도 있고 혹은 끊임없는 논쟁과 혼란에 지쳐 진실을 따지는 것을 포기할 수도 있다. 점차 그의 말에 이의를 제기하거나 자기의 상황을 대변하는 것을 두려워하게 되고, 그의 말이라면 무조건 수용하거나 침묵하는 방식으로 대응하게 만든다. 바로 가스라이팅의 무서운 효과이다. 판단력과 자율성을 서서히 마비시켜 그의 통제 아래 완전히 종속시키는 것이다.

나르시시스트는 왜 이렇게 말을 바꾸고 약속을 어기는 것일까? 나르시시스트는 자기 말이나 행동에 대한 책임을 극도로 회피하려 한다. 그에게 중요한 것은 객관적인 사실이나 진실이 아니라 자신의 이미지와 이익을 보호하는 것이다.

따라서 상황에 따라 말을 바꾸고 약속을 뒤집는 것은 그에게 아무런 죄책감이나 거리낌 없는 행동일 수 있다. 또한 상대방을 혼란스럽게 만들고 정서적으로 흔드는 것 자체에서 은밀한 만족감이나 통제감을 느낄 수도 있다. 당신의 혼란과 고통은 역설적으로 그의 우월감과 통제력을 확인시켜 주는 수단이 될 수 있는 것이다.

만약 파트너가 습관적으로 약속을 어기고 말을 바꾼다면 단순한 성격적 결함이 아닐 수 있다. 당신의 현실 감각을 파괴하고 통제하려는 의도적인 심리 조종일 가능성을 의심해야 한다. 당신의 기억과 감정은 타당하며 진실을 알 권리가 있다. 그의 거짓말과 변명 속에서 길을 잃지 말고, 내면의 목소리와 객관적인 증거에 귀 기울이는 것이 중요하다. 신뢰가 무너진 관계는 모래 위에 지은 성과 같다. 그의 반복되는 약속 불이행과 말 바꾸기는 관계의 근간이 이미 심각하게 흔들리고 있다는 명백한 증거였다.

'나만 참으면 괜찮을 거야'라는 생각

관계에서 미묘한 균열과 불편함이 느껴지기 시작했을 때, 마음속에는 아마도 이런 생각이 자리 잡았을 것이다. '이 정도는 괜찮아', '나만 참으면 모든 게 다시 좋아질 거야', '그에게도 뭔가 힘든 일이 있겠지', '내가 더 이해하고 노력하면 돼'라고 관계 초기의 완벽했던 순간을 떠올리며, 지금의 문제가 일시적이거나 사소한 것이라고 자신을 설득하려 했을 것이다.

그의 비난이나 약속 어김에 대해 불쾌감을 느꼈지만, 관계를 깨뜨리고 싶지 않은 마음에 혹은 그를 실망시키거나 화나게 만들까 하는 두려운 마음에, 자신의 감정을 억누르고 그의 행동을 합리화하며 넘어갔을 가능성이 크다.

하지만 '나만 참으면 괜찮을 거야'라는 생각은 매우 위험한 생각이다.

첫째, 정당한 감정과 욕구를 무시하고 억압하게 만든다. 불편함, 실망감, 분노는 관계에 문제가 있다는 신호이지만, 당신은 이 신호를 외면하고 자신을 속이게 된다.

둘째, 상대방의 문제 행동을 용인하고 강화시키는 결과를 낳는다. 그의 부적절한 행동에 아무런 문제를 제기하지 않거나 쉽게 용서해 주면, 그는 자기 행동에 아무런 문제가 없다고 생각하거나 당신을 함부로 대해도 괜찮다고 학습하게 된다. 그의 행동은 개선되기는커녕 점차 더 심해질 가능성이 크다.

셋째, 관계의 책임을 온전히 혼자 짊어지게 만든다. 건강한 관계는 두 사람이 함께 노력하고 책임지는 것이지만, 당신은 혼자서 모든 문제를 감내하고 해결하려 애쓰게 된다. 결국 자신을 정서적으로 소진시키고 깊은 무력감에 빠뜨릴 수 있다.

왜 '참는 것'을 선택했을까? 여기에는 여러 가지 이유가 있을 수 있다. 어린 시절부터 자신의 감정을 표현하기보다 억누르도록 학습되었을 수도 있고, 갈등을 회피하려는 성향이 강할 수도 있다. 혹은 관계를 유지하고 싶은 간절한 마음에, 또는 그를 잃을지 모른다는 두려움 때문에 문제를 직면하는 것을 피했을 수도 있다.

또한 나르시시스트는 죄책감이나 동정심을 교묘하게 자극하여 문제를 제기하기 어렵게 만든다. 그는 자신이 얼마나 힘들고 상처받았는지를 과장하며 연민에 호소하거나 모든 문제의 원인이 당신에게 있는 것처럼 몰아가 죄책감을 느끼게 만들 수 있다.

하지만 건강한 관계는 어느 한쪽의 일방적인 희생이나 인내를 요구하지 않는다. 감정은 소중하며, 경계는 존중받아야 한다. 그동안 느꼈던 불편함과 '뭔가 잘못되었다'라는 느낌은 결코 예민함 때문이 아니었다. 그것은 직관이 보내는 위험 신호였을 가능성이 크다. '나만 참으면 괜찮을 거야'라는 생각은 관계를 지키는 현명한 방법이 아니라 오히려 자신을 병들게 하고 파괴적인 관계를 지속시키는 자기 기만적인 함정일 뿐이었다. 이 함정에서 빠져나와 감정에 귀를 기울이고 문제를 직시하는 용기가 필요하다.

관계의 문제 앞에서 '참는 것'을 선택하게 만드는 내면의 목소리는 생각보다 훨씬 교묘하게 작용한다. '사랑은 원래 희생하는 거야', '이해하고 인내하는 것이 성숙한 사랑의 증거야', '어떤 관계든 갈등은 있기 마련이야'와 같은 사회적인 통념이나 로맨틱한 믿음이 결정을 정당화했을 수 있다.

관계를 위해 기꺼이 자신을 희생하는 '좋은 파트너'가 되고 싶었을 것이고, 문제를 제기하는 대신 침묵하고 인내하는 것이 더 성숙하고 사랑이 깊은 행동이라고 착각했을 수 있다.

또한 나르시시스트는 '참는 행동'을 교묘하게 조장하고 이용한다. 그는 불만을 표현하거나 문제를 제기하려 할 때마다, 자신이 얼마나 힘들고 상처받았는지를 극적으로 연기하며 죄책감을 자극할 수 있다. "내가 요즘 얼마나 스트레스받는지 몰라서 그래?", "나를 사랑한다면 이 정도는 이해해 줄 수 있잖아", "너마저 나를 힘들게 할 거야?"와 같은 말은 그의 고통에 공감하게 만들고, 당신의 감정보다는 그의 감정을 우선시하게 만든다. 그의 '피해자 코스프레'에 속아 넘어가 관계의 문제를 해결하는 대신 그의 감정을 달래주는 데 에너지를 쏟게 될 수 있다.

때로는 그가 간헐적으로 보여 주는 친절함이나 애정 표현이 '참는 행동'을 강화시키는 요인이 되기도 한다. 그는 지쳐서 관계를 포기하려 할 때쯤이면, 마치 아무 일도 없었다는 듯이 다시 관계 초기의 다정하고 매력적인 모습으로 돌아와 마음을 흔들어 놓는다.

작은 선물이나 칭찬 혹은 미래에 대한 희망적인 약속을 던져 주며 기대감을 다시 부풀린다. 이러한 '간헐적 강화Intermittent Reinforcement'는 마치 도박과 같아서, 언제 다시 돌아올지 모르는 그의 '좋은 모습'을 기다리며 현재의 고통을 참고 견디게 된다. '그래, 역시 그는 변할 수 있어', '이 좋은 순간을 위해서라면 참을 수 있어'라고 자신을 위안하며, 파괴적인 관계의 굴레에서 벗어나지 못하게 된다.

'나만 참으면 괜찮을 거야'라는 생각은 자존감을 서서히 갉아먹고, 정서적 건강을 심각하게 위협한다. 자신의 감정을 표현하고 존중받을 권리를 포기하게 되며, 관계 안에서 점점 더 무력하고 수동적인 존재가 되어 간다. 경계는 계속해서 침범당하고, 욕구는 끊임없이 무시된다.

결국 관계 속에서 자신의 정체성마저 잃어버리고, 오직 그의 필요와 감정에 맞춰 살아가는 그림자 같은 존재로 전락할 위험에 처하게 된다.

진정한 사랑은 희생을 담보로 유지되지 않는다. 건강한 관계는 서로의 감정과 욕구를 동등하게 존중하고, 문제가 발생했을 때 함께 소통하고 해결하려 노력하는 과정이다. 관계의 문제를 해결하기 위해 혼자서 참고 인내해야 한다면, 그것은 사랑이 아니라 일방적인 착취일 가능성이 크다. 참는 대신 말할 권리가 있고, 이해받지 못할 때 관계를 재고할 권리가 있다.

'나만 참으면 괜찮을 거야'라는 위험한 주문에서 벗어나, 자신의 목소리를 내고 행복을 우선시하는 용기가 필요하다.

> 데이트의 모든 계획은 당신,
> 네가 원하는 건 나도 좋다는 식이지만
> 결국은 선택과 책임을 피하는 것이다.

관계 초기에 어쩌면 그의 '배려심'에 감동했을지도 모른다. 가고 싶은 곳, 먹고 싶은 음식, 보고 싶은 영화 등 모든 데이트 계획을 당신에게 맞추며 '네가 좋으면 나도 좋아'라고 말하는 그의 모습은 당신을 존중하고 당신의 행복을 최우선으로 생각하는 것처럼 보였을 것이다. 하지만 이러한 태도는 진정한 배려가 아니라 관계에 대한 책임을 회피하고 노력을 기울이지 않으려는 수동성의 발현이었을 가능성이 크다. 그는 함께 계획을 세우고 조율하는 과정의 수고로움을 떠넘기고, 혹시라도 계획이 잘못되었을 경우 책임져야 하는 상황을 피하려 했을 수 있다. 또한 당신의 선호를 파악하고 따라가는 것은 그가 당신을 미러링하고 환심을 사는 데 효과적인 전략이기도 하다. 겉으로 보이는 배려심 뒤에 숨겨진 그의 수동성과 책임 회피는, 앞으로 관계의 균형이 어떻게 불리하게 기울어질지를 예고하는 미묘하지만, 초기 신호였음을 기억할 필요가 있다.

003

내 감정이
이상한 걸까

{ 혼란의 시작 }

관계의 균형이 깨지기 시작하면서 전에 없던 혼란의 파도가 내면에 밀려오기 시작한다. 그의 예측 불가능한 행동과 미묘한 비난 속에서 점차 자신감을 잃고 자신의 감정마저 의심하게 된다. 예전에는 명확했던 감정의 경계선이 흐릿해지고, 무엇이 옳은지 그른지에 대한 판단 기준마저 흔들리는 것을 느낀다.

그의 기분에 따라 당신의 하루가 결정되고, 그의 말 한마디에 자존감이 널뛰기한다. 점점 더 불안해지고 위축되며 '혹시 내가 정말 이상해진 건 아닐까?' 하는 두려움에 사로잡힌다. 이 시기는 정체성과 현실 감각이 본격적으로 침식당하기 시작하는 위험한 단계이다.

점점 그의 기분을 살피게 되는 당신

언제부턴가 그의 표정, 말투, 사소한 행동 하나하나에 극도로 신경을 쓰고 있는 자신을 발견한다. 아침에 눈을 떴을 때 그의 기분이 어떤지 먼저 살피고, 메시지를 보낼 때도 그의 심기를 건드릴까 봐 단어 하나하나를 신중하게 고른다. 함께 있을 때는 그의 눈치를 보며 분위기를 맞추려 애쓰고, 그가 조금이라도 언짢아 보이는 기색을 보이면 '내가 뭘 잘못했나?' 하고 불안해하며 그의 기분을 풀어 주기 위해 전전긍긍한다.

생각이나 감정을 솔직하게 표현하기보다는 그의 반응을 먼저 예상하고, 그가 좋아할 만한 말이나 행동을 선택하게 된다. 마치 살얼음판을 걷는 것처럼 매 순간 그의 기분을 예측하고 맞춰서 행동하려 노력한다.

'눈치 보기'와 '기분 맞추기'는 당신을 극도의 긴장 상태로 몰아넣는다. 더 이상 관계 안에서 편안함이나 안정감을 느끼지 못한다. 대신 끊임없는 불안감과 피로감에 시달린다. 에너지 대부분은 그의 기분을 파악하고 비위를 맞추는 데 소모되고, 정작 자신의 감정이나 욕구는 돌볼 여유가 없어진다. 당신의 자율성과 주체성은 점점 약해지고, 그의 감정 상태에 따라 좌우되는 종속적인 관계로 변해간다.

왜 그의 기분을 그토록 살피게 되었을까? 그것은 그의 예측 불가능성과 감정 기복 때문일 가능성이 크다. 언제 터질지 모르는 그의 분노나 갑작스러운 냉담함을 피하려고, 미리 기분을 감지하고 위험을 예방하려는 생존 본능을 발휘하게 된 것이다.

또한 그의 미묘한 비난과 평가절하에 길들면서 자신도 모르게 그의 인정을 갈구하고 그의 기준에 자신을 맞추려는 습관을 들였을 수도 있다. 그의 기분을 좋게 해 주는 것이 당신의 가치를 증명하고 관계의 안정을 유지하는 유일한 방법이라고 착각하게 된 것이다.

하지만 건강한 관계라면 파트너의 기분을 책임질 필요가 없다. 각자의 감정은 각자의 몫이며, 서로의 감정을 존중하고 배려하되 어느 한쪽이 일방적으로 상대방의 감정에 휘둘리거나 관리해야 할 의무는 없다.

그의 기분을 끊임없이 살피고 있다면, 그것은 배려심이 깊어서가 아니라 관계가 이미 건강하지 않다는 명백한 증거이다. 상대방 감정의 인질이 되어서는 안 된다. 당신의 감정 또한 동등하게 중요하며, 관계 안에서 눈치 보지 않고 자유롭게 표현할 권리가 있다.

그의 기분을 살피는 행동은 점차 습관을 넘어 강박적인 수준으로 발전할 수 있다. 그의 감정 변화를 감지하는 데 비상한 레이더를 작동시키게 된다. 미간에 잡힌 미세한 주름, 평소와 다른 목소리 톤, 짧아진 메시지 답장 등 아주 작은 신호 하나하나에도 민감하게 반응하며 그 의미를 해석하려 애쓴다. '그가 화난 걸까?', '내가 뭔가 잘못 말했나?', '나 때문에 기분이 상한 건가?' 하는 불안한 생각이 끊임없이 머릿속을 맴돈다.

이러한 초긴장 상태는 일상생활 전반에 영향을 미친다. 친구와 즐겁게 웃고 떠들다가도 문득 그의 기분이 어떨지 걱정되어 불안해지고, 일에 집중해야 할 때도 그의 연락을 기다리거나 그의 상태를 염려하느라 제대로 몰입하지 못한다. 관심과 에너지는 온통 그에게로 향해 있고, 삶의 중심은 점점 그가 되어간다. 그가 행복해야만 행복할 수 있다고 믿게 되고, 그의 불행이나 불만은 모두 당신의 책임인 것처럼 느끼게 된다.

이러한 행동 패턴은 '공의존Codependency'의 특징과 유사한 면을 보인다. 공의존적인 관계에서는 한 사람이 상대방의 감정과 행동에 과도하게 책임을 느끼고, 자신의 욕구나 감정보다는 상대방의 필요를 우선시하며, 상대방의 인정과 사랑을 통해 자신의 가치를 확인하려 한다. 나르시시스트는 이러한 공의존적인 성향을 지닌 사람을 귀신같이 알아보고 이용하는 경향이 있다. 보살핌과 헌신을 당연하게 여기고 끊임없이 요구하며, 기분을 맞추기 위해 애쓰는 상대방의 모습을 통해 자신의 중요성과 통제력을 확인한다.

그의 기분을 살피는 것이 '사랑'이나 '배려'라고 착각해서는 안 된다. 그것은 자율성과 정서적 건강을 심각하게 훼손하는 자기 파괴적인 행동 패턴일 수 있다. 당신은 그의 감정 온도계가 아니며, 그의 행복을 전적으로 책임져야 할 의무도 없다. 당신에게는 자신의 감정을 느끼고 표현하며, 자신의 욕구를 충족시킬 권리가 있다.

관계 안에서 끊임없이 상대방의 눈치를 보고 그의 기분에 맞춰 행동해야 한다면, 그 관계는 이미 안전하고 건강한 공간이 아님을 의미한다. 그의 감정으로부터 한 걸음 물러나 당신의 감정에 집중하고, 삶의 주도권을 되찾아와야 한다. 당신의 행복은 그의 기분에 달린 것이 아니라, 오롯이 당신의 선택과 노력에 달려 있음을 기억해야 한다.

이해할 수 없는 그의 분노와 갑작스러운 침묵

그의 감정 표현 방식은 극단적이고 예측 불가능했다. 때로는 아주 사소한 일, 전혀 문제 될 것이 없어 보이는 일에 격렬한 분노를 터뜨렸다. 그의 분노는 상황에 맞지 않게 과도했고, 인격적인 모독이나 비난을 동반했다. 그의 갑작스러운 분노 앞에서 어쩔 줄 몰라 당황하고, 두려움에 떨며, 어떻게든 상황을 진정시키려 애썼을 것이다.

하지만 그의 분노는 쉽게 가라앉지 않았고, 오히려 당신의 해명이나 사과가 그의 분노를 더욱 부채질하는 것처럼 보이기도 했다. 무엇이 그의 분노를 촉발했는지 정확히 알 수 없었기 때문에 다음에는 어떤 말이나 행동이 그의 분노를 살지 몰라 항상 불안에 떨어야 했다.

분노만큼이나 힘들게 했던 것은 그의 갑작스러운 침묵이었다. 아무런 설명 없이 연락을 끊거나, 함께 있는 공간에서도 투명 인간으로 취급하며 냉담하게 대했다. 이유를 묻거나 대화를 시도해도 그는 굳게 입을 다물거나 "할 말 없어", "나 좀 내버려 둬"와 같은 말로 당신을 밀어냈다.

이 침묵은 때로는 며칠, 심지어 몇 주 동안 이어지기도 했다. 영문도 모른 채 그의 침묵 속에서 버려진 듯한 불안감과 고립감 그리고 '내가 또 뭘 잘못했나?' 하는 죄책감에 시달렸다. 그의 침묵을 깨기 위해 필사적으로 매달리거나 그의 비위를 맞추려 애쓰거나 혹은 그의 분노를 유발했던 행동(이라고 추측하는 것)에 반복해서 사과했을 것이다.

이러한 극단적인 분노 표출(흔히 '나르시시즘적 분노 Narcissistic Rage'라고 불린다)과 '침묵 처벌 Silent Treatment'은 나르시시스트가 상대를 통제하고 자신의 우월성을 유지하기 위해 사용하는 강력한 심리적 무기이다. 과도한 분노는 상대방에게 공포심을 심어 주어 복종하게 만들고, 침묵은 상대방을 정서적으로 고립시키고 불안하게 만들어 그의 영향력 아래 놓이게 한다. 그는 이러한 감정적 학대로 당신의 행동을 통제하고, 감히 자신에게 도전하거나 비판하지 못하도록 길들인다.

건강한 관계에서는 갈등이나 의견 차이가 있을 때, 서로의 감정을 존중하며 대화를 통해 문제를 해결하려 노력한다. 분노를 느끼더라도 파괴적인 방식으로 표출하거나 상대방을 벌주기 위해 침묵을 사용하지 않는다.

하지만 나르시시스트에게 갈등은 자신의 우월함에 대한 도전으로 인식될 수 있으며, 자신의 취약한 자존감을 보호하기 위해 극단적인 방어기제를 사용한다. 그의 이해할 수 없는 분노와 갑작스러운 침묵은 당신의 잘못이 아니라 그의 내면에 있는 깊은 불안과 미성숙함의 표현일 뿐이다. 당신은 그의 감정 쓰레기통이 될 필요가 없으며 정서적 학대를 견뎌야 할 의무도 없다.

나르시시즘적 분노는 사소한 비판이나 거절 혹은 그가 원하는 대로 상황이 흘러가지 않을 때 촉발된다. 그는 자신의 완벽한 이미지나 통제력에 대한 도전을 참지 못하며, 이러한 위협에 극도로 방어적이고 공격적인 반응을 보인다. 그의 분노는 단순히 소리를 지르거나 화를 내는 것을 넘어, 인격적인 모독,

협박, 심지어 물건을 던지거나 파괴하는 행동으로 이어질 수도 있다. 이러한 경험은 깊은 트라우마를 남길 수 있으며, 그의 분노를 피하려고 점점 더 그의 요구에 순응하고 자신의 목소리를 내는 것을 두려워하게 된다.

침묵 처벌 역시 마찬가지로 파괴적인 정서적 학대이다. 그는 어떤 말이나 행동이 자신의 심기를 건드렸다고 판단했을 때(혹은 단순히 벌을 주고 통제하고 싶을 때), 의도적으로 소통을 차단하고 정서적으로 고립시킨다. 당신의 전화나 메시지를 무시하고, 존재 자체를 없는 것처럼 취급하며 당신의 고통과 불안감을 즐기는 듯한 태도를 보일 수도 있다.

이러한 침묵은 당신에게 극심한 불안감, 버려짐에 대한 공포, 무엇을 잘못했는지 알 수 없는 죄책감을 안겨 준다. 그래서 그의 침묵을 깨기 위해 필사적으로 매달리고 사과하며 그의 요구를 들어주겠다고 약속하는 등 자신을 더욱 불리한 위치로 몰아넣게 된다. 그는 이러한 과정을 통해 자신의 통제력을 다시 한번 확인하고 강화한다.

이러한 분노와 침묵의 반복은 당신의 정신을 황폐화시킨다. 언제 닥칠지 모르는 그의 감정 폭발이나 냉담함 때문에 항상 불안하고 긴장된 상태로 살아가게 된다. 당신의 자존감은 바닥으로 떨어지고, 자신이 아무런 가치가 없는 존재처럼 느껴질 수 있다. 이러한 정서적 학대는 우울증, 불안장애, 외상 후 스트레스 장애PTSD와 같은 심각한 정신 건강 문제로 이어질 위험이 크다.

중요한 것은 그의 분노와 침묵이 당신 때문이 아니라는 사실을 명확히 인식하는 것이다. 그것은 그의 내면에 있는 깊은 상처와 미성숙함, 왜곡된 방어기제가 만들어 낸 결과물이다. 그의 감정 조절 문제의 희생양이 될 필요가 없다. 당신은 존중받고 안전하게 대우받을 권리가 있으며 어떠한 형태의 정서적 학대도 용납해서는 안 된다.

그의 분노가 폭발할 때 당신의 안전을 최우선으로 확보하고, 그의 침묵 처벌에 휘둘리지 않고 자신의 감정과 필요에 집중하는 것이 중요하다. 이러한 학대적인 패턴이 반복된다면, 관계를 유지하는 것이 과연 안전하고 건강한 선택인지 심각하게 고민해야 한다. 자신의 행복과 안녕은 그 어떤 관계보다 우선되어야 한다.

분명 뭔가 잘못되었지만, 설명할 수 없는 답답함

관계의 초기 단계를 지나면서 마음속에는 점점 더 큰 물음

표와 함께 설명할 수 없는 답답함이 쌓여갔다. 분명 처음에는 완벽했던 관계였는데, 어느새 그의 눈치를 보고, 그의 기분에 따라 울고 웃으며, 이유 모를 불안감과 자기 의심에 시달리고 있었다. 그의 행동은 앞뒤가 맞지 않았고, 그의 말은 진실과 거짓을 구분하기 어려웠다. 그의 모순적인 행동과 말속에서 길을 잃고, 무엇이 진짜 현실인지 혼란스러워졌다.

가슴 속 깊은 곳에서는 '이건 정상이 아니야', '뭔가 심각하게 잘못되었어'라는 경고음이 울리고 있었지만, 그 느낌을 명확한 언어로 설명하기 어려웠다. 친구나 가족에게 고민을 털어놓으려 해도, 어디서부터 어떻게 이야기해야 할지 막막했다.

그의 교묘한 비난이나 가스라이팅은 겉으로 드러나는 명백한 증거를 남기지 않는 경우가 많았고, 당신이 겪는 정서적인 고통은 다른 사람들에게 쉽게 이해받기 어려웠다. 오히려 '네가 너무 예민한 거 아니야?', '원래 연애는 그런 면이 있어', '좋을 때도 있었잖아'와 같은 반응을 마주하며 더 깊은 좌절감과 고립감을 느꼈을 수도 있다.

설명할 수 없는 답답함의 정체는 바로 '인지 부조화 Cognitive Dissonance'와 '가스라이팅의 효과'이다. 머리는 그가 보여 주었던 초기의 완벽한 모습과 사랑의 약속을 기억하고 있지만, 마음과 몸은 그의 현재 행동으로 인해 고통받고 불안해하고 있다. 이 상반된 정보와 감정 사이의 불일치가 극심한 심리적 불편함과 혼란을 일으키는 것이다.

또한 지속적인 가스라이팅은 판단력과 현실 감각을 흐리게 만들어 상황을 객관적으로 인식하고 문제를 명확하게 정의하는 것을 방해한다. 마치 교묘하게 조작된 연극 무대 위에서 길을 잃은 배우처럼, 무엇이 진실이고 무엇이 연출인지 구분하지 못한 채 답답한 속을 헤매게 된다.

이 답답함은 무언가를 잘못했기 때문이 아니라 비정상적이고 해로운 관계 패턴 속에 놓여 있다는 강력한 증거이다. 직감은 끊임없이 위험 신호를 보내고 있지만, 그의 교묘한 조종과 당신 안의 혼란이 그 신호를 해석하는 것을 방해하고 있다.

이 설명할 수 없는 답답함을 더 이상 외면하지 않는 것이 중요하다. 그것은 건강한 자아가 보내는 구조 신호이며, 관계의 실체를 깨닫고 변화를 모색해야 한다는 절박한 외침일 수 있다. 이 답답함의 근원을 파헤치고 혼란에 이름을 붙여 주는 것, 그것이 바로 자신을 되찾는 과정의 시작이 될 것이다.

이 시기에 느끼는 답답함은 단순히 심리적인 불편함을 넘어 신체적인 증상으로 나타나기도 한다. 원인 모를 두통, 소화 불량, 가슴 두근거림, 만성적인 피로감, 수면 장애 등은 몸이 보내는 스트레스 신호일 수 있다. 정신의 혼란 속에서 진실을 외면하려 할 때, 몸은 정직하게 위험 신호를 보내고 있다.

하지만 이러한 신체 증상조차 '내가 요즘 너무 예민해서 그래', '피곤해서 그런가 봐'라며 대수롭지 않게 넘기거나 관계의 문제와 연결 짓지 못했을 수 있다.

더욱 답답하게 만드는 것은 오히려 그가 혼란을 부추긴다는 점이다. 당신이 관계의 문제점에 대해 이야기하려 하면, 그는 당신의 감정을 무시하거나 왜곡하고, 너무 예민하거나 부정적이라고 비난하며, 심지어 정신 건강을 의심하는 듯한 발언을 할 수도 있다("너 혹시 우울증 아니야?", "상담 한번 받아 보는 게 어때?").

그는 혼란을 이용하여 당신을 더욱 고립시키고, 자신의 판단을 믿지 못하게 만들어 그의 통제력을 강화한다. 그는 당신을 '문제 있는 사람'으로 규정하여 관계의 진짜 문제인 그 자신의 행동으로부터 당신의 시선을 돌리게 만든다.

또한 주변 사람들의 몰이해나 부적절한 조언 역시 답답함을 가중시킬 수 있다. 그는 당신이 겪는 교묘한 심리적 학대의 실체를 제대로 보지 못하고, 단순히 일반적인 연인 간의 다툼 정도로 치부할 수 있다.

"세상에 완벽한 사람은 없어", "서로 맞춰가야지", "네가 좀 더 이해해 봐"와 같은 말은 전혀 도움이 되지 않을 뿐만 아니라 오히려 혼란과 고통을 부정당하는 듯한 느낌을 주어 당신을 더욱 외롭게 만들 수 있다. '아무도 내 마음을 몰라준다'라는 생각에 절망하고, 자신의 문제를 속으로 삭이며 혼자 힘들어하는 길을 택할 수도 있다.

이 설명할 수 없는 답답함의 정체를 파악하는 것은 매우 중요하다. 왜냐하면 겪고 있는 상황이 단순히 '힘든 연애'가 아니라 '정서적 학대'일 수 있다는 강력한 신호이기 때문이다. 당신의 감정과 직관은 다르지 않았다. 혼란과 고통은 실재하며 그것은 당신의 잘못이 아니라 관계 자체의 문제에서 비롯된 것이다.

답답함을 더 이상 회피하거나 부정하지 말고, 그것을 내면 깊은 곳에서 보내는 진실의 목소리로 받아들여야 한다. 그 목소리에 귀를 기울이고 용기를 내어 진실을 탐색하기 시작할 때, 비로소 혼란의 안개를 걷어내고 자신을 되찾는 길로 나아갈 수 있다. 당신의 답답함은 장애물이 아니라 자신을 구원할 수 있는 소중한 단서가 될 수 있다.

관계 안에서 끊임없이 상대방의 눈치를 보고 그의 기분에 맞춰 행동해야 한다면, 그 관계는 이미 안전하고 건강한 공간이 아님을 의미한다. 그의 감정으로부터 한 걸음 물러나 당신의 감정에 집중하고, 삶의 주도권을 되찾아와야 한다. 당신의 행복은 그의 기분에 달린 것이 아니라, 오롯이 당신의 선택과 노력에 달려 있음을 기억해야 한다.

<내 감정이 이상한 걸까> 중에서

PART

02

가면 뒤의 얼굴

{ 나르시시스트의 작동 방식 }

이제 관계의 혼란스러웠던 초기 단계를 지나 그 가면 뒤에 숨겨진 나르시시스트의 실체에 한 걸음 더 다가가려 한다. 그토록 힘들게 했던 그의 행동은 단순한 성격 차이나 실수 혹은 일시적인 기분 변화가 아니었다. 그것은 그의 내면 깊숙한 곳에서 작동하는 특정한 심리적 기제와 왜곡된 사고방식의 발현이었다.

2부에서는 나르시시스트가 세상을 어떻게 인식하고 관계를 어떻게 이용하며, 당신의 마음을 조종하기 위해 어떤 전략을 사용하는지 그 작동 방식을 자세히 파헤쳐 볼 것이다. 그의 심리를 이해하는 것은 고통의 근본 원인을 파악하고, 더 나아가 앞으로 자신을 보호하는 데 필수적인 통찰력을 제공할 것이다.

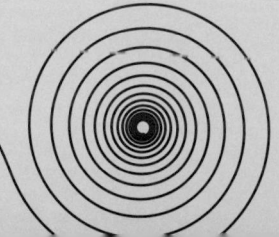

004

왜
나었을까

{ 그가 당신을 선택한 이유 }

나르시시스트와의 관계에서 벗어나거나 그 실체를 깨닫기 시작할 때, 많은 사람이 자신에게 던지는 가장 고통스러운 질문 중 하나는 바로 이것이다. '왜 하필 나였을까?', '수많은 사람 중에 왜 그는 나를 선택했을까?', '내게 어떤 문제가 있어서 이런 관계에 끌렸던 걸까?' 지난 시간을 돌아보며 이러한 질문들로 밤잠을 설쳤을지도 모른다. 혹시 내가 너무 순진했기 때문에, 내가 유난히 약하거나 부족한 사람이었기 때문에 그에게 이용당한 것은 아닐까 하는 자기 비난과 의심은 자신을 더욱 괴롭게 만들었을 것이다.

하지만 이 질문의 방향은 이제 바뀌어야 한다. '내게 무엇이 문제였을까?'가 아니라, '그는 왜 나를 원했을까?'로 관점을 전환해야 한다. 나르시시스트가 당신을 선택한 것은 결함이 있어서가 아니라 오히려 당신이 가진 특정 '자질'이 그의 필요와 욕구를 충족시키는 데 매우 매력적이었기 때문이다. 아이러니하게도 당신의 긍정적인 특성이 그에게는 이용하기 좋은 '표적'

이 되었을 가능성이 크다.

이번 장에서는 나르시시스트가 왜 당신과 같은 사람에게 끌리는지, 그가 관계에서 무엇을 얻고자 하는지, 그의 선택 이면에 숨겨진 심리는 무엇인지 탐구하며 '왜 나였을까?'라는 질문에 대한 답을 찾아갈 것이다. 이 과정으로 자신을 탓하는 대신 관계의 역학을 객관적으로 이해하고 자신의 가치를 재확인할 수 있을 것이다.

공감 능력과 따뜻함이 표적이 되는 순간

나르시시스트에게 끌리는 사람은 흔히 '약하다'라거나 '만만하다'라는 오해를 받곤 한다. 하지만 현실은 정반대인 경우가 많다. 나르시시스트가 매력을 느끼고 표적으로 삼는 대상은 오히려 정서적으로 풍부하고 건강한 특성을 가진 사람 특히 공감 능력이 뛰어나고 따뜻한 마음을 가진 사람인 경우가 많다.

당신의 친절함, 타인의 감정을 깊이 이해하고 헤아리는 능력, 관계에 대한 책임감과 헌신적인 태도, 사람에 대한 기본적인 신뢰와 연민. 이 모든 것은 인간적으로 매우 훌륭하고 긍정적인 자질이다.

하지만 안타깝게도 바로 이러한 강점이 나르시시스트에게는 자신의 이기적인 욕구를 채우는 데 이용하기 좋은 도구가 된다.

당신의 높은 공감 능력은 그의 감정 상태에 민감하게 반응하고 그의 필요를 먼저 생각하게 만든다. 그는 당신의 공감 능력을 이용하여 자신의 불행이나 상처를 과장하며 동정심에 호소하고, 자신의 감정을 돌보고 문제를 해결해 주도록 유도한다. 그의 고통에 진심으로 공감하며 기꺼이 그를 돕고자 하지만, 그는 당신의 공감을 당연하게 여기고 끊임없이 당신의 에너지와 자원을 착취하려 든다.

따뜻함과 친절함은 그에게 안정적인 정서적 공급원이 되어준다. 그는 당신의 보살핌과 인정을 통해 자신의 불안정한 자존감을 유지하고 내면의 공허함을 채우려 한다. 진심으로 그를 아끼고 사랑하지만, 그는 당신의 따뜻함을 자신의 생존을 위한 연료처럼 소비할 뿐 진정한 정서적 교감을 나누려 하지 않는다.

관계에 대한 책임감과 헌신적인 태도 역시 그에게는 매력적인 요소이다. 당신은 관계에 문제가 생겼을 때 쉽게 포기하지 않고 문제를 해결하기 위해 노력하며 상대방의 단점이나 부족함까지도 이해하고 감싸 안으려 한다.

나르시시스트는 이러한 책임감을 이용하여 관계에서 발생

하는 모든 문제의 원인을 당신에게 전가하고, 관계를 유지하기 위해 끊임없이 노력하고 희생하도록 만든다. 그는 헌신을 이용하여 자신의 무책임하고 이기적인 행동을 정당화하고, 관계의 굴레 안에 당신을 묶어 두려 한다.

사람에 대한 기본적인 신뢰와 긍정적인 시각 또한 당신을 표적으로 만들 수 있다. 기본적으로 사람을 선하게 바라보고, 상대방의 말이나 행동을 좋은 의도로 해석하려는 경향이 있을 수 있다. 이러한 신뢰는 나르시시스트의 거짓말과 조종을 간파하기 어렵게 만들고, 그가 속이고 이용하는 것을 더 쉽게 만든다. 그는 신뢰를 이용하여 자신의 진짜 의도를 숨기고, 의심을 잠재우며, 자신의 통제 아래 두려 한다.

공감 능력, 따뜻함, 책임감, 신뢰와 같은 긍정적인 자질은 나르시시스트에겐 매력적인 표적이 된다. 나르시시스트는 이러한 특성을 통해 자신이 원하는 것을 쉽게 얻을 수 있다고 판단하기 때문이다. 따라서 나르시시스트에게 끌렸던 것은 당신이 약하거나 문제가 있어서가 아니라, 오히려 당신이 가진 풍부한 인간성과 건강한 자질이, 역설적으로 그에게 이용당할 빌미를 제공했기 때문일 수 있다.

아름다운 내면이 안타깝게도 약탈자의 눈에는 너무나 탐스러운 먹잇감으로 비쳤다. 그러니 더 이상 자신을 탓하지 말라.

당신의 잘못이 아니라 당신의 빛을 탐낸 그의 문제였음을 기억해야 한다.

그가 원하는 것
: 찬사, 통제 그리고 에너지

나르시시스트가 관계를 맺는 근본적인 이유는 무엇일까? 나르시시스트는 진정한 사랑이나 친밀한 유대감을 갈망하기보다는, 자신의 불안정하고 취약한 자존감을 유지하고 내면의 깊은 공허함을 채우기 위해 끊임없이 외부로부터 무언가를 얻으려 한다.

심리학에서는 '나르시시즘적 공급Narcissistic Supply'이라고 부른다. 마치 자동차가 움직이기 위해 연료가 필요하듯 나르시시스트는 자신의 심리적 생존을 위해 타인으로부터의 지속적인 '공급'을 필요로 한다. 특히 연인 관계는 이러한 공급을 얻는 가장 효과적이고 손쉬운 수단 중 하나이다.

그가 원하는 공급의 첫 번째 형태는 바로 '찬사Admiration'이다. 나르시시스트는 자신의 우월함과 특별함에 대한 끊임없는 확인을 갈망한다. 자신을 얼마나 대단하고 멋진 사람으로 여기는지, 얼마나 깊이 사랑하고 존경하는지를 끊임없이 표현해 주기를 바란다. 칭찬, 감탄, 복종적인 태도는 그의 부풀려진 자아상을 유지해 주는 자양분이 된다.

관계 초기의 러브 바밍은 사실 당신의 마음을 얻기 위한 투자이자 앞으로 더 많은 찬사를 끌어내기 위한 사전 작업이었던 셈이다. 그는 찬사를 통해 자신이 세상의 중심이며 특별한 존재라는 환상을 유지하려 한다.

두 번째로 원하는 것은 '통제 Control'이다. 나르시시스트는 타인을 제 뜻대로 조종하고 통제하려는 강한 욕구가 있다. 자신의 불안정한 내면세계를 외부 세계의 통제로 보상받으려는 심리에서 비롯된다. 그는 당신의 생각, 감정, 행동, 심지어 인간관계까지 통제하려 든다. 그의 뜻대로 움직이고 그의 영향력 아래 놓여 있을 때, 그는 강력한 통제감과 우월감을 느낀다.

가스라이팅, 죄책감 전가, 침묵 처벌, 분노 표출 등 그가 사용하는 다양한 조종 기술은 모두 당신에 대한 통제력을 확보하고 유지하기 위한 수단이다. 자율성을 억압하고 자신에게 종속시키는 것 자체가 그에게는 심리적 만족감을 제공한다.

세 번째로 갈망하는 것은 바로 '에너지 Energy'이다. 여기서 에너지는 단순히 물리적인 것을 넘어 정서적인 관심, 시간, 노력, 심지어 감정적인 반응까지 포함한다. 나르시시스트는 '정서적 뱀파이어'에 비유되는데, 그가 타인의 에너지를 끊임없이 흡수하여 자신의 생기를 유지하려 하기 때문이다.

그는 당신의 시간과 관심을 독점하려 하고, 헌신적인 노력과 보살핌을 당연하게 요구한다. 또한 그는 강렬한 감정적 반응, 예를 들어 기쁨, 슬픔, 분노, 질투심 등을 유발함으로써 자신이 얼마나 큰 영향을 미치는지 확인하고 만족감을 얻는다. 심지어 당신과의 극적인 갈등이나 싸움조차도 그에게는 일종의 '에너지 공급'이 될 수 있다. 정서적으로 지쳐가고 소진될수록, 그는 역설적으로 당신의 에너지를 흡수하여 더욱 활력을 얻는 것처럼 보일 수 있다.

나르시시스트는 관계를 통해 찬사, 통제 그리고 에너지를 끊임없이 공급받으려 한다. 그에게 당신은 동등한 인격체로서의 파트너가 아니라 자신의 나르시시즘적 욕구를 충족시켜주는 '공급원' 또는 '대상'에 더 가깝다. 나르시시스트는 진정한 모습이나 감정에는 별다른 관심이 없으며, 오직 자신에게 얼마나 유용한 존재인지, 얼마나 많은 '공급'을 제공할 수 있는지에 따라 가치를 평가한다.

더 이상 그가 원하는 만큼의 공급을 제공하지 못하거나 그의 통제에 저항하려 할 때 그는 가차 없이 평가절하하고 다른 공급원을 찾아 떠날 수 있다. '왜 나였을까?'라고 자문할 때, 그

답은 내면이 아니라 바로 이러한 그의 끊임없는 '공급'에 대한 갈망 속에 있었다.

'특별한 당신'에게 끌리는 나르시시스트의 심리

나르시시스트가 당신을 선택한 이유를 더 깊이 이해하기 위해서는 그의 복잡하고 모순적인 내면 심리를 들여다볼 필요가 있다. 그는 왜 굳이 '특별한' 자질을 가진 사람에게 끌리는 것일까? 여기에는 몇 가지 심리적 동기가 작용한다.

첫째, 당신의 '특별함'은 그의 부풀려진 자아상Grandiose Self-Image을 반영하고 강화시켜 준다. 나르시시스트는 자신을 매우 특별하고 우월한 존재라고 믿지만, 그 이면에는 깊은 열등감과 불안감이 자리 잡고 있다.

따라서 자신의 가치를 입증해 줄 수 있는 외부적인 요소를 끊임없이 찾는다. 사회적으로 성공했거나 외모가 매력적이거나, 재능이 뛰어나거나 혹은 도덕적으로 훌륭한 사람이라면 관계를 맺는 것 자체가 그의 자존감을 높여 주는 효과를 가져온다. 당신을 마치 빛나는 '트로피'처럼 여기며, 당신의 특별함으로 자신의 특별함을 세상에 과시하려 한다. '이렇게 멋진 사람과 함께 있는 나 또한 특별한 사람이다'라는 논리가 작동하는 것이다. 그는 당신의 빛을 빌려 자신의 존재를 밝히려 하며, 당신의 성공과 장점을 마치 자신의 것인 양 자랑하고 다닐 수 있다.

둘째, 당신의 '특별함'은 그에게 정복욕과 도전 의식을 불러일으킬 수 있다. 나르시시스트는 관계를 상호 존중과 교감의 과정으로 여기기보다는, 상대방을 '정복'하고 자신의 통제 아래 두려는 게임으로 인식한다. 매력적이고 능력 있는 사람을 자기 연인으로 만드는 것은 그의 우월함과 능력을 증명하는 짜릿한 성취감을 안겨 준다.

당신의 마음을 얻기 위해 모든 수단과 방법을 동원하여 매력을 발산하고, 일단 그의 손아귀에 들어왔다고 판단되면 흥미를 잃고 다음 '사냥감'을 찾아 나서거나 혹은 당신을 깎아내리고 통제하려는 단계로 넘어갈 수 있다. 그는 당신이라는 '특별한 존재'를 소유하고 통제함으로써 자신의 힘을 확인하고 싶어 한다.

셋째, 역설적으로 당신의 '특별함' 특히 당신의 정서적인 힘과 안정감은 그의 불안정한 내면을 지탱해 줄 수 있을 것이라는 기대를 하게 만든다. 나르시시스트는 겉으로는 강하고 자신감 넘쳐 보이지만, 내면은 매우 취약하고 혼란스러운 경우가 많다. 또한 자신의 감정을 제대로 조절하지 못하고, 버려지는 것에 대한 깊은 두려움을 가지고 있을 수 있다.

따라서 정서적으로 안정되어 보이고, 공감 능력이 뛰어나며, 관계에 헌신적인 사람에게 끌리는 것은 어쩌면 당연한 일이다. 그는 강인함과 따뜻함에 기대어 자신의 불안정한 내면을 지탱하고, 자신의 모든 감정적인 요구를 받아 주고 해결해 줄 것이라고 무의식적으로 기대한다. 그는 당신을 '강한 사람'으로 이상화하며 정서적으로 기생하려 할 수 있다.

하지만 이러한 끌림의 이면에는 깊은 모순과 위험이 도사리고 있다. 그는 당신의 특별함에 끌리지만, 동시에 시기하고 질투하며 두려워할 수 있다. 당신의 빛이 자신의 존재를 위협한다고 느끼거나, 자신보다 우월하다는 사실을 견디지 못할 수 있다.

그래서 관계가 깊어짐에 따라 당신의 특별함을 깎아내리며, 파괴하려고 시도하게 된다. 장점을 비난하고, 성공을 평가절하하며, 자존감을 무너뜨림으로써 자신과 동등하거나 혹은 그 이하의 존재로 만들려 한다. 그는 당신의 빛을 빌려 자신을 밝혔다가, 결국에는 그 빛을 꺼뜨리려 하는 것이다.

나르시시스트가 '특별한 당신'에게 끌리는 것은 당신에 대한 진정한 존중이나 사랑 때문이 아니다. 그것은 전적으로 그의 자기중심적인 욕구와 불안정한 심리 상태를 반영하는 결과이다. 그는 당신의 특별함을 이용하여 자신의 자존감을 높이고, 정복욕을 충족시키며, 내면의 불안감을 해소하려 한다.

하지만 결국 당신의 특별함을 견디지 못하고 파괴하려 들 가능성이 크다. 당신이 '왜 나였을까?'라고 물을 때, 그 답은 당신의 문제가 아니라 바로 이러한 나르시시스트의 복잡하고 왜곡된 심리 안에 있음을 이해해야 한다. 그의 필요로 선택되었고, 그의 내면 드라마에 이용되었을 뿐이다. 당신의 가치는 그의 선택이나 평가와는 아무런 상관이 없다.

005

당신을
옭아매는
보이지 않는 줄

{ 조종의 기술 }

나르시시스트와의 관계가 깊어질수록 더 혼란스러워지고, 정서적으로 지쳐가며, 마치 보이지 않는 줄에 묶인 꼭두각시처럼 느껴졌을 것이다. 그의 말과 행동에 일희일비하고, 그의 기분에 따라 감정이 널뛰기하며, 무엇이 진실이고 거짓인지조차 판단하기 어려워지는 경험. 이 모든 것은 결코 우연히 일어난 일이 아니다. 그것은 나르시시스트가 마음을 얻고 통제하며, 자신이 원하는 것을 얻기 위해 의식적이든 무의식적이든 사용하는 교묘하고 정교한 '심리 조종 기술'의 결과물이다.

나르시시스트는 마치 숙련된 인형 조종사처럼 감정과 생각을 자신이 원하는 방향으로 이끌어간다. 그가 사용하는 줄은 눈에 보이지 않지만, 당신의 자존감, 현실 감각 그리고 관계에 대한 희망을 옭아매며 서서히 무력하게 만든다.

이번 장에서는 나르시시스트가 당신을 조종하기 위해 즐겨 사용하는 대표적인 기술을 하나하나 파헤쳐 볼 것이다. 당신이 겪었던 혼란스러운 경험 속에 어떤 조종의 메커니즘이 숨어 있었는지 명확히 인식하는 것은, 묶고 있던 보이지 않는 줄을 끊어내고 삶에 대한 통제권을 되찾는 데 필수적인 과정이다. 이 기술의 이름을 알고 그 작동 방식을 이해하는 것만으로도 이미 그의 영향력에서 벗어나는 첫걸음을 내딛는 것이다.

사랑이라는 이름의 폭격(Love Bombing)
: 덫의 시작

1부에서 이미 살펴본 것처럼 나르시시스트와의 관계는 강렬하고 황홀한 '러브 바밍'으로 시작한다. 그는 과도한 찬사와 관심, 애정 표현을 폭격처럼 쏟아붓는다. 당신은 세상에서 가장 특별하고 사랑받는 존재처럼 느끼고, 그가 바로 그동안 꿈꿔왔던 '소울메이트'라고 확신하게 된다. 이 단계에서 그는 모든 욕구를 충족시켜 주는 완벽한 연인의 모습을 연기하며 경계심을 완전히 허물어뜨린다.

러브 바밍은 단순히 열정적인 구애 활동이 아니다. 이것은 당신의 마음을 빠르게 사로잡아 자신에게 정서적으로 깊이 의존하게 만들려는 치밀하게 계산된 전략이다. 나르시시스트는 이 과정을 통해 당신의 취약점과 욕구를 파악하고, 어떤 종류의 관심과 칭찬에 약한지를 학습한다.

또한 이 시기에 형성된 강렬하고 긍정적인 기억은 앞으로 그가 조종하고 학대할 때 당신이 관계를 쉽게 떠나지 못하게 만드는 강력한 '덫'으로 작용한다. 훗날 그가 아무리 당신을 함부로 대하더라도, '그래도 처음엔 저렇게 나를 사랑해 줬었는데', '그때의 모습으로 돌아갈 수 있을 거야'라는 헛된 희망을 품으며 관계를 놓지 못하게 된다.

러브 바밍은 판단력을 흐리게 하고, 관계의 위험 신호를 간과하게 만든다. 그의 화려한 애정 공세에 취해, 그의 성격적 결함이나 모순적인 행동을 대수롭지 않게 여기거나 합리화하게 된다. 예를 들어 그가 당신의 친구나 가족에 대해 부정적인 말을 하거나 고립시키려고 시도해도, 단지 '나를 너무 사랑해서 그런 거겠지'라고 오해할 수 있다. 그뿐만 아니라 관계가 비정상적으로 빠르게 진전되는 것에 대한 불편함도 그의 열정적인 사랑 표현 앞에서 무시되기 쉽다.

결국 러브 바밍은 나르시시스트가 당신이라는 '사냥감'을 포획하기 위해 설치하는 달콤하고 화려한 덫의 시작이다. 바로 이 덫으로 마음을 얻고 신뢰를 확보하며 자기 영향력 아래 묶어 둘 기반을 마련한다. 당신이 느꼈던 황홀한 감정은 진정한 사랑의 증거가 아니라 앞으로 펼쳐질 조종과 학대의 서막이었을 가능성이 크다. 바로 첫 단추가 잘못 끼워졌음을 인식하는 것이 중요하다.

현실을 뒤흔드는 안개(Gaslighting)
: 네가 예민한 거야

가스라이팅은 나르시시스트가 당신의 현실 인식 능력을 교묘하게 공격하여 자신을 의심하게 만들고, 결국 당신의 판단력과 자율성을 파괴하는 가장 악랄하고 흔한 조종 기술 중 하나이다. 이 용어는 1938년 연극 〈가스등 Gas Light〉에서 유래했는데, 남편이 집안의 가스등 밝기를 몰래 조절해 놓고 아내가 "등이 어두워진 것 같아요"라고 말할 때마다 "당신이 잘못 본 거야", "당신이 예민해서 그래"라며 아내를 정신적으로 문제 있는 사람으로 몰아가는 내용에서 비롯되었다.

나르시시스트는 다양한 방식으로 가스라이팅을 시도한다.

첫째, 당신이 경험한 사실을 명백히 부정한다. 예를 들어 그가 상처 주는 말을 한 것에 대해 문제를 제기하면, "나는 그런 말 한 적 없어", "네가 잘못 들었겠지", "네 기억력, 확실해?"라며 당신의 기억 자체를 의심하게 만든다. 심지어 증거가 명백한 상황에서도 뻔뻔하게 거짓말을 하며 혼란에 빠뜨린다.

둘째, 당신의 감정을 하찮게 만들거나 비정상적인 것으로 치부한다. 그의 행동 때문에 속상하거나 화가 난다고 표현하면, "네가 너무 예민해서 그래", "왜 그렇게 감정적이야?", "별것도 아닌 일에 유난스럽게 구네"와 같이 반응하며 당신의 감정이 타당하지 않거나 과도한 것이라고 몰아간다. 점차 자신의 감정을 신뢰하지 못하게 되고, 솔직하게 표현하는 것을 두려워하게 된다.

셋째, 정보를 의도적으로 숨기거나 왜곡하여 판단을 흐리게 만든다. 그는 당신에게 불리한 정보를 알려 주지 않거나 사실의 일부만 선택적으로 이야기하여 상황을 오해하게 만들 수 있다. 그리고 나중에 문제가 발생하면, "네가 제대로 물어보지 않았잖아", "나는 당연히 네가 알 거라고 생각했지"라며 책임을 전가한다.

넷째, 당신의 정신 상태나 인지 능력을 문제 삼는다. "너 요즘 좀 이상해", "네가 너무 부정적으로만 생각하는 거 아니야?", "혹시 피해망상 있는 거 아니야?"와 같은 말을 반복적으로 함으로써, 스스로 '내가 정말 문제가 있는 건가?'라고 의심하게 만든다. 심지어 주변 사람들에게 당신이 정서적으로 불안정하다는 식의 이야기를 퍼뜨려 고립시키고, 신뢰도를 떨어뜨리려 할 수도 있다.

가스라이팅이 지속되면 극심한 혼란과 자기 의심에 빠지게 된다. 더 이상 자신의 기억, 감정, 판단력을 신뢰할 수 없게 되고, 무엇이 현실인지 구분하기 어려워진다. 점차 그의 판단과 해석에 의존하게 되며, 그의 말이라면 무조건 받아들이게 될 수 있다. 이는 당신의 자율성과 자존감을 심각하게 훼손하고, 그의 통제 아래 완전히 종속시키는 결과를 낳는다. 마치 짙은 안개 속에 갇힌 것처럼 방향 감각을 잃고 무력감에 빠지게 된다. "네가 예민한 거야"라는 그의 말은 당신의 현실을 뒤흔들고 영혼을 잠식하는 독과 같은 주문이었음을 기억해야 한다.

깎아내리고 무너뜨리기(Devaluation)
: 이상화 다음 단계

러브 바밍이라는 강렬한 이상화 단계가 지나면, 나르시시스트는 필연적으로 당신을 깎아내리고 무너뜨리는 '평가절하' 단계로 넘어간다. 하늘 높이 띄웠던 그의 손길은 이제 당신을 바닥으로 끌어내리기 시작한다. 이 과정은 미묘하게 시작되지만, 시간이 지남에 따라 점점 더 노골적이고 잔인해진다. 평가절하의 목적은 당신의 자존감을 파괴하고 불안정하게 만들어 그에게 더욱 의존하고 그의 통제에 순응하도록 만드는 것이다.

평가절하는 다양한 형태로 나타난다.

첫째, 끊임없이 비판하고 흠을 잡는다. 외모, 능력, 성격, 습관 등 당신의 모든 것에 대해 사사건건 트집을 잡고 부정적인 평가를 내린다. 처음에는 '조언'이나 '농담'으로 포장되었던 비판이 점차 인격적인 모독이나 경멸적인 언사로 변해간다. "너는 왜 이렇게 멍청해?", "네가 하는 일이 다 그렇지 뭐", "너 같은 사람 처음 본다"와 같은 말은 마음에 깊은 상처를 남긴다.

둘째, 다른 사람들과 끊임없이 비교하며 당신의 가치를 깎아내린다. 특히 그의 이전 연인, 친구, 동료 등 그가 이상적으로 생각하는 사람들과 비교하며 당신의 부족함을 강조한다. 이러한 비교는 당신에게 질투심과 경쟁심을 유발하는 동시에 자신을 부족하고 열등한 존재로 느끼게 만든다.

셋째, 당신의 성취나 성공을 의도적으로 무시하거나 평가절하한다. 당신이 노력해서 얻은 결과에 대해 칭찬하거나 기뻐해주기는커녕, 오히려 그 의미를 축소하거나 운이 좋았다고 치부한다. 그는 당신의 빛나는 모습을 견디지 못하며, 자신보다 우월해지는 것을 용납하지 못한다. 당신의 성공은 그의 불안정한 자존감을 위협하기 때문에, 그는 어떻게든 끌어내리려 하는 것이다.

넷째, 애정과 관심을 거두어들이는 방식으로 벌준다. 이전에 쏟아부었던 열정적인 관심과 애정 표현은 온데간데없이 사라지고, 그는 차갑고 무관심하게 대한다. 당신의 말에 귀 기울이지 않고, 스킨십을 피하며, 존재 자체를 귀찮아하는 듯한 태도를 보인다. 이러한 정서적 방치는 당신에게 버려지는 것에 대한 깊은 불안감과 고통을 안겨 준다.

이러한 평가절하가 반복되면 자존감은 뿌리부터 흔들리게 된다. 자신감을 잃고 자신을 무가치하고 사랑받을 자격이 없는 사람이라고 믿게 될 수 있다. 또한 그의 비난을 피하고 다시 그의 인정과 사랑을 받기 위해 필사적으로 노력하게 된다. 그의 기준에 맞추기 위해 자신의 개성과 욕구를 포기하고, 그가 원하는 모습으로 자신을 바꾸려 애쓰게 된다.

결국 자신의 정체성마저 잃어버리고 그의 꼭두각시로 전락할 위험에 처하게 된다. 평가절하는 당신의 영혼을 서서히 갉아먹는 좀벌레와 같으며 이상화라는 달콤한 꿈 뒤에 찾아오는 잔인한 현실이다.

침묵이라는 무기(Silent Treatment)
: 보이지 않는 공격

나르시시스트가 사용하는 또 다른 강력하고 파괴적인 조종 기술은 바로 '침묵 처벌'이다. 명백한 언어적, 신체적 폭력은 아니지만, 상대방에게 극심한 정서적 고통과 불안감을 안겨 주는 교묘한 형태의 학대이다. 그는 어떤 말이나 행동이 자신의 심기를 건드렸다고 판단했을 때 혹은 단순히 당신을 벌주고 길들이고 싶을 때, 의도적으로 모든 소통을 차단하고 투명 인간 취급을 한다.

침묵 처벌은 다양한 방식으로 나타난다. 그는 당신의 전화나 메시지에 전혀 응답하지 않을 수 있다. 말을 걸어도 못 들은 척하거나 단답형으로 차갑게 대답하며 대화를 이어가려 하지 않을 수 있다. 함께 있는 공간에서도 쳐다보지 않고, 당신이라는 존재를 완전히 무시하며, 마치 당신이 그 자리에 없는 사람처럼 행동할 수 있다. 왜 침묵하는지 이유를 설명해 주지 않으며, 당신이 이유를 묻거나 대화를 시도할수록 더욱더 입을 굳게 다물고 밀어낸다. 이 침묵은 몇 시간에서 며칠, 심지어 몇 주 동안 지속될 수도 있다.

이러한 갑작스럽고 설명 없는 침묵은 극도의 불안감과 혼란을 일으킨다. '내가 뭘 잘못했지?'라며 끊임없이 자문하고 자기 행동을 되짚어보며, 영문도 모른 채 버려졌다는 느낌에 깊은 고립감과 공포를 느낀다. 그래서 그의 침묵을 깨고 관계를 회복하기 위해 필사적으로 노력하게 된다. 당신은 반복해서 사과하고, 그의 비위를 맞추려 애쓰며, 그가 원하는 것이 무엇인지 알아내려고 전전긍긍한다. 그의 침묵 앞에서 완전히 무력해지고, 그의 처분만을 기다리는 불안정한 상태에 놓이게 된다.

나르시시스트에게 침묵은 매우 효과적인 통제 수단이다.

첫째, 침묵은 강력한 처벌을 가함으로써 당신의 행동을 통제하고 그의 뜻에 반하는 행동을 하지 못하도록 길들인다. 그의 침묵이 두려워서 그의 심기를 거스를 만한 말이나 행동을 스스로 삼가게 된다.

둘째, 침묵은 당신의 불안감과 죄책감을 증폭시켜 정서적으로 더욱 취약하게 만들고 그에게 의존하게 만든다. 그의 침묵을 풀기 위해 무엇이든 하려 하고, 그 과정에서 자존감과 경계는 더욱 무너지게 된다.

셋째, 침묵은 그에게 아무런 노력 없이 통제하고 당신에게 고통을 줄 수 있는 손쉬운 방법이다. 그는 침묵함으로써 모든 책임을 회피하고, 당신 혼자 관계의 문제를 해결하도록 방치한다. 당신의 고통받는 모습을 통해 은밀한 만족감과 우월감을 느낄 수 있다.

침묵 처벌은 결코 성숙한 갈등 해결 방식이 아니다. 상대방의 감정을 무시하고 고통을 주어 굴복시키려는 비겁하고 잔인한 정서적 학대이다. 그의 침묵에 대해 책임감을 느끼거나 의도를 알아내려고 애쓸 필요가 없다. 그의 감정 조종에 휘둘리지 않고 자신의 감정과 안정을 돌보는 데 집중해야 한다. 만약 파트너가 습관적으로 침묵을 무기로 사용한다면, 그것은 관계가 심각하게 병들어 있다는 명백한 신호이며, 정신 건강을 위해 관계를 다시 생각해 보아야 할 필요가 있음을 의미한다.

이간질과 삼각관계(Triangulation)
: 당신을 고립시키는 법

삼각관계 만들기는 나르시시스트가 당신을 불안하게 만들고, 자신의 가치를 높이며, 당신에 대한 통제력을 강화하기 위해 사용하는 또 다른 교묘한 조종술이다. 단순히 바람을 피우는 것과는 다르며, 관계 안에 의도적으로 제3자를 끌어들여 질투심과 경쟁심을 유발하고 심리적으로 흔드는 것을 목표로 한다. 여기서 제3자는 실제 연애 상대일 수도 있지만, 그의 이전 연인, 친구, 동료, 심지어 가족 구성원이나 상상 속의 인물일 수도 있다.

나르시시스트는 다양한 방식으로 삼각관계를 형성한다.

첫째, 이전 연인에 대해 끊임없이 이야기하며 비교할 수 있다. 그는 이전 연인이 얼마나 매력적이었는지, 자신에게 얼마나 잘했는지 등을 반복해서 언급하며 당신의 질투심과 불안감을 자극한다. 그는 당신이 이전 연인보다 더 잘하려고 노력하게 만들고, 자신에게 더 집착하게 만든다.

둘째, 당신 앞에서 다른 이성에게 의도적으로 친밀한 모습을 보이거나 플러팅Flirt 할 수 있다. 그는 당신이 보는 앞에서 다른 사람들에게 과도한 칭찬을 하거나 의미심장한 눈빛을 교환하거나, 불필요한 신체 접촉을 할 수 있다. 그리고 당신이 불쾌감을 표현하면 "왜 그렇게 의심이 많아?", "우리는 그냥 친구 사이야.", "네가 너무 예민하게 반응하는 거 아니야?"라며 이상한 사람으로 몰아가거나 불안감을 더욱 증폭시킨다.

셋째, 당신과 제3자 사이를 이간질하여 갈등을 조장할 수 있다. 예를 들어 당신의 친구에게 당신에 대한 부정적인 이야기를 몰래 흘리고, 당신에게는 그 친구가 당신을 험담했다고 거짓말을 할 수 있다. 이를 통해 당신과 당신의 지지 기반 사이의 관계를 악화시키고 고립시키려 한다. 당신이 주변 사람들과 멀어질수록 그에게 더욱 의존하게 되고 그의 통제력은 강화된다.

넷째, 당신과 동시에 다른 사람들과 비밀스러운 관계를 유지하며 속일 수 있다. 그는 당신에게는 변함없는 사랑을 속삭이면서 뒤로는 다른 사람들과 연락하거나 만날 수 있다. 이러한 비밀스러운 관계는 당신 모르게 진행되지만, 그의 미묘한 행동 변화나 거짓말 속에서 뭔가 잘못되었다는 느낌을 받게 되고 끊임없는 의심과 불안감에 시달릴 수 있다.

삼각관계 만들기는 당신의 자존감을 심각하게 훼손하고 관계에 대한 불안정성을 극대화한다. 끊임없이 다른 사람들과 비교당하고 경쟁해야 한다는 압박감을 느끼며, 그의 사랑과 관심을 잃을까 봐 두려워하게 된다. 또한 그가 만들어 낸 혼란스러운 관계 구도 속에서 누구를 믿어야 할지, 무엇이 진실인지 판단하기 어려워진다.

그는 이러한 혼란과 불안감을 이용하여 당신을 자신의 통제 아래 묶어 두고, 당신의 에너지를 소모시키며, 관계의 주도권을 확실하게 장악한다. 그는 당신과 제3자 사이에서 줄타기하며 자신의 매력과 인기를 확인하고 즐기는 동시에, 당신의 고통으로 자신의 우월감을 만끽할 수 있다. 삼각관계는 당신의 마음을 갈기갈기 찢어놓는 잔인한 게임이며, 고립시키고 무력하게 만드는 교활한 함정이다.

> **삼각관계 유발**
> 관계에 제3자를 끌어들인다. 이때 사람일 수 있지만 물건이나 일이 되기도 한다. 그 대상과 경쟁을 유발하게 만들어 더 관심을 유도한다.

나르시시스트가 사용하는 조종의 기술은 다양하고 교묘하며, 여러 가지가 복합적으로 사용되어 혼란과 고통 속에 당신을 가둔다. 특히 삼각관계 만들기는 그의 단골 레퍼토리 중 하나인데, 주목할 점은 그가 끌어들이는 제3의 대상이 반드시 다른 이성이나 잠재적 경쟁자만을 의미하지 않는다는 것이다. 때로는 그의 일에 대한 과도한 몰두, 당신보다 중요하게 여기는 듯한 취미 활동 혹은 집착적으로 아끼는 특정 물건조차도 당신과 그 사이를 갈라놓고, 당신의 질투심과 경쟁심을 유발하는 '제3의 대상'이 될 수 있다. 그는 당신이 그 무엇과도 자신을 두고 경쟁하게 만듦으로써 당신의 관심을 독점하고, 자신에게 더욱 매달리도록 유도하며, 관계에서의 우월한 지위를 확보하려 한다. 끊임없이 불안하게 만들고 경쟁 속으로 내모는 이 모든 시도는 결국 당신에 대한 통제력을 강화하려는 그의 숨겨진 의도임을 간파해야 한다.

책임은 언제나 당신 몫(Blame-Shifting)
: 잘못을 인정하지 않는다

나르시시스트의 가장 눈에 띄는 점 중 하나는 자기 잘못이나 실수에 대해 절대로 책임을 지려 하지 않는다는 것이다. 그는 자신의 완벽한 자아상을 유지하기 위해, 어떤 문제가 발생하든 그 원인을 외부 요인이나 다른 사람들 특히 가장 가까운 당신에게 돌리는 데 매우 능숙하다. 이것이 바로 '책임 전가' 기술이다.

책임 전가는 다양한 형태로 나타난다.

첫째, 자신의 문제 행동에 대해 완전히 부정하거나 축소한다. 그의 잘못된 행동을 지적하면, "나는 그런 적 없어", "네가 오해한 거야", "그건 별일 아니었어"와 같이 반응하며 사실 자체를 왜곡하거나 문제의 심각성을 경시한다.

둘째, 문제의 원인을 교묘하게 당신 탓으로 돌린다. 예를 들어 그가 당신에게 화를 냈다면, 그것은 '네가 나를 화나게 만들었기 때문'이라고 주장한다. 그가 바람을 피웠다면, 그것은 '네가 나에게 충분한 애정을 주지 않았기 때문'이라고 변명한다. 어떤 상황에서든 자신이 '피해자'이고 당신이 '가해자'인 것처럼 상황을 역전시킨다. 당신은 그의 논리에 말려들어 '정말 내 잘못인가?' 하고 자책하고, 그의 행동에 대한 정당한 분노나 비판을 제기하기 어려워진다.

셋째, 외부 환경이나 다른 사람들을 핑계로 대며 자신의 책임을 회피한다. 예를 들어 그가 약속 시간에 늦었다면 "차가 너무 막혀서 어쩔 수 없었어"라고 말하고, 직장에서 문제가 생겼다면 "상사나 동료들이 나를 제대로 이해하지 못해서 그래"라고 불평한다. 절대로 자신의 부족함이나 실수를 인정하지 않으며, 항상 자신은 최선을 다했지만, 외부적인 요인 때문에 어쩔 수 없었다고 주장한다.

넷째, 당신의 문제 제기 자체를 공격하며 책임을 회피한다. 그의 잘못에 대해 이야기하려 하면, "너는 왜 항상 나를 비난만 해?", "과거 얘기는 그만 좀 해", "너는 너무 예민하고 부정적이야"와 같이 당신의 성격이나 태도를 문제 삼으며 논점을 흐린다. 그는 당신을 방어적인 자세로 만들고 죄책감을 느끼게 만들어, 더 이상 문제의 본질에 대해 이야기하지 못하도록 입을 막아 버린다.

책임 전가는 나르시시스트가 자신의 취약한 자존감을 보호하고 완벽하다는 환상을 유지하기 위한 핵심적인 방어기제이다. 자기 잘못을 인정하는 것은 그에게 참을 수 없는 수치심과 열등감을 느끼게 해서, 어떻게든 책임을 회피하고 남에게 떠넘

기려 한다.

또한 책임을 전가함으로써 그는 당신에 대한 통제력을 유지하고 관계에서의 우위를 점할 수 있다. 결국 당신이 끊임없이 자신을 탓하고 그의 비위를 맞추려 노력하는 동안, 그는 아무런

> '나는 쓰레기'라고 말하는 이유는
> 자신의 잘못된 점을 알고 있지만,
> 자신을 쓰레기라 비난하며,
> 사전에 비난을 차단하려는 의도이다.

책임을 회피하는 나르시시스트의 전략은 때로는 예상치 못한 방식으로 나타나기도 한다. 그의 잘못을 지적하려 할 때, 갑자기 "그래, 나 원래 쓰레기야", "나는 구제 불능이야", "나 같은 놈은 만나면 안 돼"와 같이 극단적인 자기 비하 발언을 쏟아 낼 수 있다. 얼핏 들으면 자기 잘못을 인정하고 깊이 반성하는 것처럼 보일 수도 있지만, 이것 역시 정당한 비판을 무력화시키고 책임을 회피하려는 교묘한 술책일 가능성이 크다. 그는 자신을 '쓰레기'라고 낙인찍어 더 이상 자신을 비난할 명분을 빼앗고, 오히려 자신을 위로하거나 자신의 말을 부정하도록 유도한다. 또한 이러한 자기 비하는 '그도 자신의 문제를 알고 괴로워하는구나' 하는 착각을 심어 주어 그의 행동을 용인하게 만들고, 그의 변화 가능성에 대한 헛된 기대를 품게 할 수 있다. 진정한 책임감은 자기 비하가 아니라 행동의 변화로 나타나야 함을 잊지 말아야 한다.

변화나 노력 없이 자신의 이기적인 행동을 계속할 수 있다.

책임 전가가 반복되는 관계에서는 진정한 소통이나 문제 해결이 불가능하다. 당신은 끊임없이 부당하게 비난받고 희생양이 되며, 감정과 욕구는 철저히 무시된다. 당신은 깊은 좌절감과 무력감을 느끼게 되고, 관계는 점점 더 파괴적인 방향으로 흘러가게 된다.

그가 절대로 자기 잘못을 인정하거나 변하지 않을 것이라는 사실을 받아들여야 한다. 책임이 언제나 당신의 몫이 되어서는 안 된다. 부당한 비난으로부터 자신을 보호하고, 그의 책임 전가 패턴을 명확히 인식하며, 더 이상 그의 게임에 휘말리지 않을 권리가 있다.

진실하지 않은 사과를 할 바엔 안 할래

나르시시스트가 자기 잘못에 대해 진심으로 사과하는 경우는 극히 드물다. 때론 "나는 원래 사과 같은 거 잘못해", "진심이 아니면 사과 안 하느니만 못하다고 생각해"와 같이, 마치 자신이 매우 정직하고 진실한 사람이기 때문에 섣불리 사과하지 않는 것처럼 자신을 포장하기도 한다.

하지만 이것 역시 책임을 회피하고 자기 잘못을 인정하지 않으려는 교묘한 변명일 가능성이 크다. 그가 진정으로 사과하지 못하는 이유는, 사과라는 행위 자체가 자신의 완벽하다는 자아상에 흠집을 내고, 깊은 수치심을 유발하기 때문이다. 또한 사과에는 필연적으로 책임과 행동의 변화가 따라야 한다는 것을 알기 때문에, 그 부담을 지고 싶지 않아 사과 자체를 회피하는 것이다.

'진실한 사과'라는 명분을 내세우며 용서를 구하는 대신 그의 잘못을 문제 삼지 않고 그냥 넘어가도록 유도한다. 진정한 관계에서는 잘못을 인정하고 사과하며 책임을 지는 것이 성숙함의 표현이지만, 그에게 사과는 피해야 할 위협이자 부담일뿐임을 기억해야 한다. 그의 '진정성' 타령에 속아 책임 묻는 것을 포기해서는 안 된다.

그의 세계에는
'나'만 존재한다

지금까지 나르시시스트가 관계 속에서 당신을 선택하고 조종하기 위해 사용하는 다양한 외부적인 행동 전략을 살펴보았다. 러브 바밍으로 시작하여 가스라이팅, 평가절하, 침묵 처벌, 삼각관계 만들기, 책임 전가에 이르기까지 그의 행동은 너무나 혼란스럽고 비합리적이어서 그 이유를 이해하기 어려웠을 것이다. 왜 그는 그토록 자기중심적이고 타인의 감정에 무관심하며 자기 잘못을 인정하지 못하고 끊임없이 통제하고 상처 주려 하는 것일까?

이 질문에 대한 답을 찾기 위해서는 이제 그의 가면 뒤 깊숙한 내면세계로 들어가 보아야 한다. 나르시시스트의 모든 행동은 그가 세상을 인식하고 자신과 타인을 이해하는 독특하고 왜곡된 방식에서 비롯된다. 그의 세계는 놀라울 정도로 자기중심적이며, 그 안에는 오직 '나'라는 존재만이 가장 중요하고 유일하게 의미 있는 실체로 존재한다. 타인은 그저 자신의 욕구를 충족시키거나 자존감을 유지하기 위한 도구나 배경에 불과할 수 있다.

이번 장에서는 나르시시스트의 내면세계를 구성하는 핵심적인 세 가지 요소 즉 공감 능력의 부재, 깊은 내면의 불안과 열등감 그리고 세상을 자기 중심으로 해석하는 왜곡된 믿음 체계를 탐구할 것이다. 그의 내면 풍경을 이해하는 것은 그의 행동을 예측하고, 당신이 겪었던 고통의 근본 원인을 파악하며 더 이상 그의 세계관에 휘둘리지 않고 당신 자신을 지키는 열쇠가 될 것이다.

공감 능력의 부재
: 당신의 감정은 중요하지 않다

나르시시스트와의 관계에서 가장 큰 상처와 좌절감을 안겨주는 것 중 하나는 바로 그의 현저한 '공감 능력 부족'이다. 공감이란 단순히 타인의 감정을 머리로 이해하는 것을 넘어 그 사람의 입장이 되어 함께 느끼고 그 감정의 무게를 공유하는 능력이다.

하지만 나르시시스트의 세계에서 타인의 감정은 무시되거나 하찮게 여겨지고, 심지어 자신의 목적을 위해 이용되는 대상이 될 뿐이다. 그에게 당신의 슬픔, 고통, 기쁨, 불안은 그 자체로 중요하게 받아들여지지 않는다. 오직 그 감정이 자신에게 어떤 영향을 미치는지 혹은 자신이 그것을 어떻게 이용할 수 있는지에 따라서만 의미가 있을 뿐이다.

힘든 일을 겪고 눈물을 흘리며 위로를 구할 때 당신의 감정에 진심으로 공감하고 따뜻하게 보듬어 주기보다는, 오히려 당신의 슬픔을 귀찮아하거나 너무 약하다고 비난하고 혹은 그 상황을 이용하여 자신의 우월함을 드러내려 할 수 있다.

예를 들어 직장에서 부당한 일을 당해 속상함을 토로할 때 "네가 좀 더 강하게 대처했어야지", "그러게, 내가 평소에 조심하라고 했잖아"와 같이 당신을 탓하거나 "나였으면 그렇게 당하고 있지 않았을 텐데"라며 자기 능력을 과시할 수 있다. 당신의 고통 앞에서 진정한 위로자가 되어 주지 못하며, 오히려 상처에 소금을 뿌리는 듯한 반응을 보일 때가 많다.

때로는 당신의 감정을 '이해하는 척'으로 보일 수도 있다. 당신이 슬퍼할 때 위로의 말을 건네거나 기뻐할 때 함께 웃어 줄 수도 있다. 이것을 '인지적 공감Cognitive Empathy'이라고 하는데, 타인의 감정 상태를 지적으로 파악하고 예측하는 능력이다. 나르시시스트는 이 인지적 공감 능력이 발달해 있어서, 타인의 감정을 읽고 그에 맞춰 행동하는 데 능숙할 수 있다.

하지만 당신의 감정을 진심으로 함께 느끼는 '정서적 공감 Affective Empathy'과는 근본적으로 다르다. 당신의 감정을 이해할 수는 있지만, 당신의 처지에서 함께 느끼지는 못한다. 당신의 감정을 이용하여 환심을 사거나 조종하거나 혹은 자신을 공감 능력이 있는 좋은 사람인 것처럼 보이게 하려는 목적이 있을 뿐이다. '공감하는 척'하는 행동 뒤에는 차가운 계산과 이기적인 동기가 숨어 있을 가능성이 크다.

이러한 공감 능력의 부재는 당신에게 깊은 외로움과 정서적 고립감을 안겨 준다. 가장 가까운 사람에게조차 진실한 감정을 이해받거나 위로받지 못한다는 사실에 절망하게 된다. 당신의 감정은 끊임없이 무시당하고 평가절하되며 관계 안에서 마치 투명 인간처럼 느껴질 수 있다. 점차 자신의 감정을 표현하는 것을 포기하고, 그의 감정에만 맞추며 살아가는 법을 배우게 될지도 모른다.

하지만 당신의 감정은 소중하며 마땅히 존중받고 공감받아야 한다. 나르시시스트의 세계에서는 당신의 감정이 중요하지 않을지 모르지만, 당신의 세계에서는 당신의 감정이 가장 중요하다는 사실을 잊지 말아야 한다. 그의 공감 능력 부재는 당신의 문제가 아니라 그의 문제이며, 더 이상 그의 차가운 무관심 속에서 당신의 감정을 희생시킬 필요가 없다.

깊은 내면의 불안과 열등감

나르시시스트는 겉으로는 극도의 자신감과 우월감을 내뿜는다. 그는 자신이 남들보다 뛰어나고 특별하며, 모든 것을 알고 있고, 모든 것을 할 수 있다고 믿는 것처럼 보인다. 그의 거만하고 자기중심적인 태도, 끊임없는 자기 자랑, 타인에 대한 비판과 무시는 이러한 과대 자기상 Grandiose Self-Image 의 표현이다.

하지만 화려하고 웅장한 외면의 이면에는, 놀랍게도 매우 취약하고 불안정한 내면세계가 숨겨져 있는 경우가 많다. 그의 거만함은 사실 깊은 내면의 불안과 열등감 그리고 참을 수 없는 수치심을 감추기 위한 방어막인 '거짓 자아 False Self'일 가능성이 크다.

나르시시즘의 뿌리에는 어린 시절의 깊은 상처나 결핍이 자리 잡고 있다. 충분한 사랑과 인정을 받지 못했거나 반대로 과도한 칭찬과 기대를 받으며, 진정한 자기 모습 대신 이상화된 모습으로 살아가도록 강요받았을 수 있다. 이러한 환경 속에서 자신의 있는 그대로의 모습 즉 '참 자아 True Self'가 사랑받을 수 없고 수용될 수 없다는 깊은 믿음을 내면화하게 된다. 참 자아는 그에게 너무나 나약하고, 결함투성이며, 수치스러운 존재로 느껴진다.

따라서 나르시시스트는 참 자아를 깊숙이 숨기고 외면하며 대신 완벽하고 강력하며 모든 사람에게 감탄과 존경을 받을 수 있는 거짓 자아를 만들어 세상에 보여 준다.

그의 삶은 이 불안정한 거짓 자아를 유지하고 방어하기 위한 끊임없는 투쟁이다. 자신의 거짓 자아가 위협받거나 상처 입는 것을 극도로 두려워하며, 이를 위해 막대한 심리적 에너지를 소모한다. 타인으로부터의 끊임없는 찬사와 인정(나르시시즘적 공급)은 거짓 자아를 유지하는 데 필수적인 연료이다.

반대로 비판이나 거절, 실패는 그의 거짓 자아에 균열을 내고 그 안에 숨겨진 참 자아의 수치심과 열등감을 자극하기 때문에 그에게는 참을 수 없는 위협으로 느껴진다. 이것이 바로 사소한 비판에도 극도의 분노(나르시시즘적 분노)를 터뜨리거나 자기 잘못을 절대로 인정하지 않고, 책임을 전가하며 끊임없이 자신을 방어하고 합리화하는 이유이다. 그의 모든 방어기제는 이런 취약한 내면을 보호하기 위한 필사적인 몸부림인 셈이다.

이러한 내면의 불안과 열등감은 그를 더욱더 자기중심적이고 착취적으로 만든다. 자신의 불안감을 해소하고 거짓 자아를 유지하기 위해 타인을 이용하는 것을 서슴지 않는다. 타인의 감정이나 욕구보다는 자신의 필요를 우선시하며, 타인을 자신의 자존감을 높이는 도구나 불안감을 투사하는 대상으로 삼는다.

그의 비난과 평가절하의 대상이 되었다면, 정말로 부족해서가 아니라 그가 자신 내면의 열등감을 당신에게 투사하여 자신의 우월감을 확인하려 했기 때문일 수 있다. 그의 끊임없는 요구와 통제에 시달렸다면, 그가 당신을 통해 자신의 불안정한 내면을 통제하고 안정감을 얻으려 했기 때문일 수 있다.

나르시시스트의 거만한 겉모습 뒤에 숨겨진 깊은 불안과 열등감을 이해하는 것은, 그의 행동을 해석하는 데 실마리를 제공한다. 하지만 이것이 그의 행동을 정당화하거나 용서해야 한다는 의미는 결코 아니다.

그 내면의 상처는 안타까운 일이지만, 그렇다고 타인에게 고통을 주고 관계를 파괴하는 행동을 정당화할 수는 없다. 중요한 것은 당신이 더 이상 그의 불안정한 내면세계의 희생양이 되지 않는 것이다. 그의 거짓 자아를 유지해 주기 위해 존재하는 사람이 아니며, 그 내면의 상처를 치유해 줄 책임도 없다. 그의 문제로부터 거리를 두고, 당신의 건강한 자아와 행복을 지키는 데 집중해야 한다.

세상은 나를 중심으로 돌아가야 한다는 믿음

나르시시스트 세계관의 핵심에는 '세상은 나를 중심으로 돌아가야 한다'는 깊고 흔들리지 않는 믿음이 자리 잡고 있다. 단순한 이기심을 넘어선 '특권 의식 Sense of Entitlement'과 '자기중심적 사고 Egocentric Thinking'의 극단적인 형태이다. 그는 자신이 남들과는 다른 특별한 존재이며 특별한 대우를 받고 규칙이나 규범에서 예외가 되어야 한다고 진심으로 믿는다. 그에게 세상은 자신의 욕구를 충족시키고 자신의 위대함을 인정해 주기 위해 존재하는 무대와 같다.

이러한 믿음은 그의 행동 방식 전반에 걸쳐 나타난다. 그는 자신이 원하는 것은 무엇이든 가질 자격이 있다고 생각하며, 타인을 이용하거나 규칙을 어기는 것에 대해 별다른 죄책감을 느끼지 않는다. 그는 줄을 서서 기다리는 것을 참지 못하고, 다른 사람의 시간이나 노력을 존중하지 않으며, 자신이 원하는 것을 얻기 위해 거짓말이나 속임수를 사용하는 것을 당연하게 여길 수 있다.

그는 타인에게 끊임없이 무언가를 요구하지만, 정작 자신이 받은 것에 대해서는 감사함을 표현하거나 보답하려 하지 않는다. 그에게 타인의 친절이나 호의는 자신이 특별해서 마땅히 받아야 할 권리일 뿐 감사의 대상이 아니다.

또한 그는 모든 상황을 자신의 관점에서만 해석하고 이해한다. 타인의 입장이나 감정, 다른 가능한 해석은 고려하지 않거나 무시한다. 그의 생각과 의견만이 유일하게 옳고 중요하며, 다른 사람들은 모두 자신에게 동의하고 복종해야 한다고 믿는다.

만약 누군가 자신과 다른 의견을 제시하거나 비판하면, 그는 그것을 개인적인 공격이나 모욕으로 받아들이고 격렬하게 반발한다. 그는 제 생각과 감정이 보편적인 진리이며, 모든 사람이 자신과 똑같이 느끼고 생각해야 한다고 착각한다. 이러한 자기중심적 사고는 그가 타인과 건강한 관계를 맺고 유지하는 것을 근본적으로 불가능하게 만든다.

그의 세계에서는 타인이란 독립적인 인격체가 아니라 자신의 욕구를 충족시키거나 자신의 자아상을 반영하는 '대상Object'으로 인식되는 경우가 많다. 그는 타인을 자신의 필요에 따라 이상화했다가 평가절하하고, 쉽게 버리거나 교체할 수 있는 존재로 여긴다.

그의 세계에서는 당신이 고유의 생각과 감정, 욕구를 가진 독립적인 존재가 아니라 그의 필요를 채워 주는 '기능'이나 그의 자존감을 비춰 주는 '거울'로써의 역할만을 부여받았을 수 있다. 그의 기대에 부응하지 못하거나 그의 통제에서 벗어나려 할 때 당신의 존재 가치를 부정하고 당신을 쉽게 폐기 처분할 수 있는 것이다.

'세상은 나를 중심으로 돌아가야 한다'는 이 왜곡된 믿음은 나르시시스트의 공감 능력 부재와 내면의 불안감과 맞물려 그의 파괴적인 행동 패턴을 완성시킨다. 그는 자신의 특별함을 유지하기 위해 타인을 착취하고, 자신의 불안감을 감추기 위해 타인을 통제하며, 자신의 세계관을 강요하기 위해 타인의 감정을 무시한다. 이 견고한 자기중심성의 성벽 안에서 그는 타인과 진정으로 연결되지 못하고 고립된 채 살아간다.

그의 세계관을 이해하는 것은 중요하지만, 결코 그 세계관에 동조하거나 당신 자신을 맞출 필요는 없다. 당신의 세계는 당신을 중심으로 돌아가야 하며, 그의 왜곡된 믿음 체계로부터 자유로워질 권리가 있다. 그가 만드는 무대의 조연이나 소품이 아니라 자신 삶의 당당한 주인공임을 잊지 말아야 한다.

마법처럼 사라진 그대
위로가 필요한 순간 마법같이 사라졌다.

나르시시스트의 세계에서 타인의 감정이란, 오직 자신의 필요를 충족시키거나 자존감을 유지하는 데 도움이 될 때만 의미가 있을 뿐이다. 당신이 기쁨을 나누고 그의 자아상을 빛내 줄 때는 곁에 머물지만, 아프거나 슬프거나 그의 도움이 절실히 필요한 순간에는 놀랍도록 차갑게 외면하거나 심지어 마법처럼 자취를 감추는 이유가 바로 여기에 있다. 그에게 당신의 고통은 공감하고 보듬어야 할 대상이 아니라 자신의 에너지를 소모시키고 불편한 감정을 유발하는 귀찮은 방해물일 뿐이다. 가장 약하고 위로가 필요한 순간, 그가 보여 주는 냉담함과 부재는 그의 공감 능력 부재와 자기중심성의 가장 잔인하고 명백한 증거임을 기억해야 한다. 당신의 아픔 앞에서 등을 돌리는 그에게 더 이상 위로를 기대해서는 안 된다.

007

마치

대본이라도

있는 것처럼

행동한다

"어쩌면 이렇게 똑같을 수가 있죠?"

혹시 나르시시스트와의 관계를 겪은 다른 사람들의 이야기를 들으며 온몸에 소름이 돋는 듯한 기시감, 데자뷔를 경험한 적이 있는가? '어떻게 내가 겪은 일이랑 이렇게 똑같을 수가 있지?', '그 사람이 나에게 했던 말이랑 어쩜 이렇게 비슷할까?', '마치 내 이야기를 그대로 옮겨 놓은 것 같아'와 같은 놀라움과 함께, 어쩌면 당신의 경험이 결코 혼자만의 특별하거나 이상한 일이 아니었다는 안도감을 느꼈을지도 모른다.

상담하는 과정에서 내담자에게 자주 보는 혹은 나르시시스트를 만나고 비슷한 아픔을 공유하는 온라인 커뮤니티에서 가장 흔하게 들을 수 있는 반응 중 하나가 바로 이것이다. 마치 전 세계의 나르시시스트가 어디선가 학습하고 공유하는 것처럼 그가 관계 속에서 사용하는 말과 행동 패턴은 놀랍도록 유사성을 보인다.

그러나 섬뜩할 정도의 유사성은 결코 우연이 아니다. 물론 세상에 완전히 똑같은 사람은 없으며 개개인의 성격적 특성이나 성장 배경 그리고 처한 상황에는 분명 차이가 존재한다.

하지만 나르시시즘이라는 특정 성향의 핵심적인 심리 구조(타인의 감정을 읽고 느끼는 공감 능력의 현저한 부족, 자신은 특별한 대우를 받아야 마땅하다는 깊은 특권 의식, 겉으로 드러나는 과대함과는 정반대되는 내면의 깊은 불안감과 열등감 그리고 자신의 존재 가치를 확인하고 유지하기 위한 외부로부터의 끊임없는 찬사와 통제 즉 '나르시시즘적 공급'에 대한 집요한 갈망)는 놀라울 정도로 공통된 특징을 보인다.

바로 이 유사한 내적 작동 때문에 그가 관계 속에서 자신의 불안정한 자존감을 방어하고 자신의 이기적인 욕구를 충족시키며 상대방을 자신의 통제 아래 두기 위해 사용하는 전략과 언어 또한 필연적으로 비슷한 패턴을 보이게 되는 것이다. 그가 의식적으로 누군가를 모방하거나 약속된 '대본'을 읽는 것이라기보다는, 그의 병리적인 심리 구조가, 특정한 상황에서 특정한 목적을 달성하기 위해 가장 효과적이라고 학습된 혹은 본능적으로 발현되는 '기능적인 행동 양식'에 가깝다고 볼 수 있다.

그에게 타인은 존중하고 교감해야 할 독립적인 인격체가 아니라 자신의 필요를 채우기 위한 '대상' 또는 '도구'에 불과하기에 그 대상을 다루는 방식 또한 일정한 패턴을 따르게 되는 것이다.

이번 장에서는 바로 '반복되는 대본' 즉 나르시시스트가 마치 약속이나 한 듯이 관계 속에서 당신의 마음을 흔들고 옭아매기 위해 즐겨 사용하는 단골 대사와 행동 패턴을 살펴보고자 한다. 기억 속 어딘가에 혼란스럽게 남아 있는 그 말과 행동이 어떤 의도가 있었는지, 당신의 마음에 어떤 영향을 미쳤는지 명확하게 해부해 볼 것이다. 이 과정을 통해 당신의 경험을 객관적으로 이해하고, 겪었던 고통의 정당성을 확인할 수 있을 것이다. 결코 혼자가 아니었으며 당신이 느꼈던 혼란과 아픔은 지극히 당연한 반응이었음을 깨닫게 될 것이다.

더 나아가 이 패턴 언어를 명확히 해독하는 능력은 과거의 상처로부터 자유로워지고, 미래의 비슷한 위험으로부터 자신을 효과적으로 보호하는 데 강력하고도 실질적인 무기가 되어 줄 것이다. 이제 그가 남긴 혼란의 잔해 속에서 진실의 조각을 하나씩 맞춰 나가자.

너는 너무 예민해 / 과민반응이야 / 부정적이야

아마 나르시시스트와의 관계 속에서 가장 자주 들었던 말 중 하나일 것이다. 그의 무례하거나 배려 없는 말, 상처 주는 행동 혹은 명백히 잘못된 처사에 대해 당신의 정당한 감정(슬픔, 분노, 실망, 불안, 단순한 불편함)을 표현하거나 문제를 제기했을 때, 그는 어김없이 이 말을 꺼내 들었을 것이다.

혹은 당신의 직관이 뭔가 잘못되었다고 경고 신호를 보내 그 미묘한 불안감을 조심스럽게 이야기했을 때, 그는 당신의 예리함을 칭찬하기는커녕 오히려 비정상적인 사람으로 몰아갔을 수 있다.

심지어 관계에서 마땅히 존중받아야 할 기본적인 요구(약속 시간 지키기, 개인적인 공간 존중, 솔직한 대화)를 했을 때조차, 그는 당신을 까다롭거나 요구가 많은 사람 혹은 너무 예민해서 피곤한 사람으로 치부하며 이 말을 사용했을 가능성이 크다.

이런 말속에 숨겨진 그의 진짜 의도는 무엇일까? 이것은 가스라이팅의 가장 기본적이고 효과적인 형태 중 하나로, 당신의 감정과 인식을 '문제 있는 것'으로 규정하여 여러 가지 목적을 동시에 달성하려는 교묘한 전략이다.

첫째, 당신의 감정이 '과도'하거나 '비합리적'이라고 딱지를 붙여 당신이 제기하는 문제의 본질 자체를 회피하려 한다. 당신의 감정이 문제라면 그의 행동은 더 이상 문제가 되지 않기 때문이다. 그는 정당한 문제 제기를 당신의 '성격 탓'으로 돌리며 자기 잘못에 대한 책임을 교묘하게 회피한다.

둘째, 자기 신뢰를 근본적으로 흔들어 놓으려 한다. 당신이 자신의 감정이나 판단을 믿지 못할수록 그의 말과 해석에 더욱 의존하게 되고 그의 통제 아래 놓이기 쉬워진다. 그는 당신이 자신을 끊임없이 의심하고 위축되도록 만들어 결국 자신의 목소리를 내지 못하도록 길들인다.

셋째, 감정 표현 자체를 통제하려 한다. 그는 당신이 자기 행동에 대해 부정적인 감정을 느끼거나 표현하는 것을 극도로 불편해하고 위협적으로 느낀다. 그는 항상 자신을 긍정하고 받아들여 주기를 바라며, 당신의 부정적인 감정은 자신의 완벽한 자아상에 대한 도전으로 받아들인다. 따라서 그는 당신의 감정을 '예민함'으로 깎아내려 당신의 입을 막고, 앞으로 그의 심기를 건드릴 만한 감정을 표현하지 못하도록 예방 주사를 놓는 것이다.

반복적으로 이 말을 듣는 당신에게 미치는 영향은 실로 파괴적이다. 점차 자신의 감정을 믿지 못하게 된다. 슬픔이나 분노, 불안과 같은 자연스러운 감정을 느낄 때마다 '혹시 내가 정말 너무 예민한 건 아닐까?', '내가 이상한 건가?' 하고 자신을 의심하고 검열하게 된다.

당신은 솔직한 감정 표현을 억누르고 괜찮은 척 연기하는 데 익숙해진다. 속으로는 문드러지고 있으면서도 겉으로는 평온한 표정을 유지하려 애쓰게 된다. 이러한 감정 억압은 결국 정신 건강을 심각하게 해치고, 우울증이나 불안장애 혹은 원인 모를 신체적 증상으로 이어질 수 있다.

또한 관계에서 발생하는 문제의 원인을 끊임없이 자신에게서 찾게 된다. 그의 명백한 잘못이나 배려 부족으로 상처받았음에도 불구하고, '내가 좀 더 긍정적으로 생각했어야 했는데', '내가 너무 민감하게 반응해서 그를 화나게 만들었어'라고 자책하게 된다.

당신은 관계를 개선하기 위해 그의 행동을 변화시키려 노력하는 대신 자신의 '예민함'을 고치려고 애쓰는 아이러니한 상황에 빠진다. 이러한 과정에서 당신의 자존감은 속절없이 무너져 내리고, 점점 더 작고 무력한 존재가 되어 간다.

당신의 감정은 내면에서 일어나는 소중한 신호이며 결코 '너무 예민'하거나 '과민'한 것이 아니다. 그의 말과 행동 때문에 상처받고 불편함을 느꼈다면, 그것은 당신의 감정이 잘못된 것이 아니라 그의 행동에 문제가 있었다는 강력한 증거이다. 당신은 자기감정을 존중하고 신뢰할 권리가 있으며, '예민하다'라고 비난하는 사람의 말에 더 이상 휘둘릴 필요가 없다.

나는 그런 적 없어 / 네가 잘못 기억하는 거야 / 나는 그런 뜻으로 말한 게 아니야

이 말은 당신의 현실 감각을 직접적으로 공격하고, 깊은 혼란의 늪으로 빠뜨리는 가스라이팅의 또 다른 강력한 무기이다. 과거에 그가 분명히 했던 말이나 행동 혹은 함께했던 약속에 대해 확인하거나 그로 인해 발생한 문제에 대해 이야기하려 할 때마다 그는 마치 기억상실증 환자처럼 혹은 능숙한 배우처럼 천연덕스럽게 당신의 기억을 부정하고 왜곡하려 들었을 것이다.

그가 사용하는 방식은 다양하다. 당신이 언급한 사건이나 대화 자체를 "나는 전혀 기억나지 않는다", "그런 일이 있었는지조차 모르겠다"라며 완전히 부정할 수 있다. 혹은 당신 기억의 일부는 인정하면서도 결정적인 세부 사항을 교묘하게 바꾸거나("내가 그렇게 말한 건 맞지만, 네가 지금 말하는 그런 뉘앙스는 아니었어") 당신이 자기 말을 오해했거나 잘못 해석했다고 주장할 수 있다("나는 좋은 뜻으로 조언해 준 건데 네가 삐뚤어지게 받아들인 거야", "내 의도는 그게 아니었는데 네가 너무 확대해석하는 경향이 있어"). 심할 때는 당신의 기억력 자체를 문제 삼으며 "너 요즘 건망증이 심해진 것 같아", "네 기억은 부정확하잖아", "혹시 네가 상상해 낸 이야기를 사실이라고 믿는 거 아니야?"와 같이 인지 능력 전반에 대한 의심을 심어 주려 할 수도 있다.

그가 당신의 기억과 현실 인식을 집요하게 공격하는 이유는 무엇일까? 가장 큰 이유는 자기 잘못에 대한 책임을 회피하기 위해서이다. 그는 자신이 했던 말이나 행동으로 인해 발생한 문제에 대해 인정하고 사과하는 것을 극도로 꺼린다. 자기 잘못을 인정하는 것은 그의 완벽하고 우월한 자아상에 흠집을 내고, 그토록 두려워하는 내면의 수치심과 열등감을 자극하기 때문이다. 따라서 진실을 왜곡하고 당신의 기억을 탓하며 책임을 회피하고 자신의 이미지를 보호하려 한다.

또한 당신을 혼란스럽게 만들고 자신을 의심하게 만들어 당신에 대한 통제력을 강화하려 한다. 당신이 자신의 기억과 판단을 믿지 못할수록, 그의 말과 해석에 더욱 의존하게 되고 그의 영향력 아래 놓이기 쉬워진다.

당신이 그의 '현실'을 받아들이도록 강요하며, 당신의 주체적인 사고 능력을 마비시키려 한다. 때로는 당신이 그의 거짓

말과 현실 왜곡에 좌절하고 고통스러워하는 모습을 보며 은밀한 만족감을 얻거나 자신의 우월성을 확인하는 도착적인 심리가 작용할 수도 있다.

이러한 경험이 반복되면 내면에는 깊은 균열이 생기기 시작한다. 당신은 자신의 기억과 판단력을 심각하게 불신하게 된다. '내가 정말 잘못 기억하는 걸까?', '내 정신에 문제가 생긴 건 아닐까?' 하는 끔찍한 의심에 사로잡는다.

당신은 명백한 사실 앞에서도 자신의 주장을 펼치거나 진실을 규명하려는 용기를 잃게 된다. 그의 단호한 부정 앞에서 결국 입을 다물거나, 심지어 그의 왜곡된 버전을 진실로 받아들일 수도 있다. 이러한 과정은 당신의 현실 검증 능력을 마비시키고, 깊은 혼란과 불안, 무력감 속에 가두게 된다. 심한 경우, 당신은 마치 당신 자신으로부터 소외된 듯한 이인증 Depersonalization이나 현실과 분리된 듯한 비현실감 Derealization을 경험할 수도 있다.

만약 이러한 경험을 했다면, 당신의 기억력이나 정신 상태에 문제가 있는 것이 아님을 분명히 알아야 한다. 그저 교묘하고 악의적인 심리 조종의 피해자였을 뿐이다. 당신의 기억과 경험은 소중하며 부정당할 이유가 없다.

이제부터라도 당신의 경험을 기록하고 객관적인 증거(문자,

이메일, 녹음 등)를 확보하려 노력하며, 신뢰할 수 있는 사람들에게 경험을 이야기하여 현실감을 확인하는 것이 중요하다. 또한 당신의 기억과 현실 인식을 끊임없이 부정하는 사람과의 관계는 정신 건강에 치명적일 수 있음을 인지하고, 그 관계로부터 거리를 두거나 벗어나는 것을 심각하게 고려해야 한다. 진실 속에서 살아갈 권리가 있으며 현실을 있는 그대로 인정받을 자격이 있다.

내가 얼마나 힘들고 스트레스받는지 몰라서 그래? / 나 불쌍하지도 않니?

나르시시스트가 자신의 책임을 회피하고 동정심을 이용하여 상황을 자신에게 유리하게 만들려 할 때 사용하는 전형적인 '피해자 역할극 Victim Playing' 전략이다. 그의 무책임한 행동(약속 어김, 거짓말, 재정적 문제 야기)이나 배려 부족(당신의 감정 무시, 기념일 잊어버림, 필요한 도움 외면)에 대해 정당하게 문제를 제기하거나 실망감을 표현할 때, 그는 자기 잘못을 인정하고 사과하는 대신 갑자기 자신을 세상에서 가장 불쌍하고 힘든 사람으로 둔갑시킨다.

그는 자신이 얼마나 과도한 업무 스트레스에 시달리고 있는지, 어린 시절 얼마나 불행한 환경에서 자랐는지, 현재 건강 상태가 얼마나 안 좋은지 혹은 주변 사람들로부터 얼마나 오해받고 상처받고 있는지를 장황하게 늘어놓으며 동정심에 호소한다. 눈물을 글썽이거나 깊은 한숨을 내쉬며 당신 앞에서 한없이 연약하고 상처받은 영혼을 연기할 수 있다.

그의 이야기는 때로는 사실에 기반할 수도 있지만, 과장되거나 왜곡되어 있으며 현재 상황과는 직접적인 관련이 없는 경우가 많다. 그의 진짜 목표는 당신의 비판이나 요구의 초점을 흐리고, 그의 '고통'에 집중하게 만들어 당신이 죄책감을 느끼게 하는 것이다. "지금 이렇게 힘든데 너까지 나를 비난해야겠니?", "나 좀 이해해 주면 안 될까?", "내가 기댈 곳은 너밖에 없어"와 같은 말로 당신의 마음을 약하게 만들고, 그의 보호자나 구원자 역할을 하도록 교묘하게 유도한다.

당신은 공감 능력이 뛰어나고 마음이 따뜻한 사람일 가능성이 크기 때문에, 그의 '불쌍함' 어필에 쉽게 마음이 흔들릴 수 있다. 그의 고통에 진심으로 연민을 느끼고, 그를 비난했던 자신을 자책하며, 오히려 그를 위로하고 도와주어야 한다는 의무감을 느낄 수 있다.

정당한 불만이나 상처받은 감정을 표현하는 대신 그의 기분을 풀어 주고, 그의 문제를 해결해 주기 위해 애쓰게 된다. '그도 오죽하면 저럴까?', '내가 좀 더 이해심을 가져야지'라고 생각하며 그의 문제 행동을 또다시 용인하게 된다.

하지만 이러한 피해자 역할극은 그와의 관계를 더욱 건강하지 못하게 만드는 악순환을 초래한다. 그는 자기 행동에 책임지는 법을 배우지 못하고, 문제가 생길 때마다 동정심을 유발하여 위기를 모면하는 패턴을 반복하게 된다.

반면 당신은 그의 감정적인 요구를 끊임없이 받아 주느라 정서적으로 소진되고, 자신의 욕구는 계속해서 뒷전으로 밀려나게 된다. 관계는 점점 더 불평등해지고, 그의 문제를 해결해 주는 엄마나 상담사 같은 역할을 하게 되면서, 진정한 파트너로서의 관계는 상실하게 된다.

또한 그의 '불쌍함'에 대한 연민 때문에 그가 가하는 다른 형태의 학대(정서적 조종, 가스라이팅)를 간과하거나 합리화할 수도 있다.

무엇보다 그의 고통이나 불행이 그의 잘못된 행동을 정당화시키지는 못한다는 것이다. 누구나 삶에서 어려움을 겪을 수 있지만, 다른 사람들에게 상처를 주거나 자신의 책임을 회피할 면죄부가 될 수는 없다. 당신도 그의 문제를 해결해 줄 책임이 없으며, 그의 감정 쓰레기통이 될 필요도 없다.

당신의 감정과 욕구 또한 동등하게 중요하며, 건강한 관계 속에서 존중받고 배려받을 권리가 있다. 그의 '피해자 역할극'에 속아 자신을 희생시키는 대신 그의 문제와 당신의 문제를 명확히 분리하고 경계를 단호하게 지키는 것이 필요하다. 당신은 그의 구원자가 아니라 당신 삶의 주인이다.

나를 정말 사랑한다면 ~해야 한다 / ~하지 말아야 한다

사랑이라는 감정을 교묘하게 이용하여 행동을 통제하고 복종을 요구하는 감정적 협박의 대표적인 예이다. 그의 요구(매우 이기적이거나 불합리한 요구)를 들어주지 않거나 당신의 자율성을 주장하려 할 때, 관계에 대해 약간의 의구심이라도 내비칠 때 무기처럼 사용하는 말이다.

그는 당신의 '사랑'을 시험대에 올려놓고 그의 요구를 따르면 '진정한 사랑의 증거'로, 반대로 그의 요구를 거절하면 '사랑의 부족'이나 '배신'으로 규정한다.

그가 요구하는 내용은 다양할 수 있다. 그는 당신의 소중한 시간이나 돈을 자신을 위해 희생하도록 요구할 수 있다("나를 정말 사랑한다면 주말에 친구들 만나지 말고 나랑 있어 줘야지", "우리의 미래를 위해서라면 네가 모은 돈을 나에게 빌려줄 수 있잖아"). 그는 당신의 외모나 행동 방식을 자신이 원하는 대로 바꾸도록 강요할 수 있다("나를 사랑한다면 내가 좋아하는 스타일로 옷을 입어 줘", "진심으로 나를 위한다면 너의 그 성격 좀 고쳐야 해"). 그는 다른 이성 친구들과의 관계를 끊거나, 심지어 가족과의 연락을 줄이도록 요구할 수도 있다("네가 나만 사랑한다면 다른 남자들과는 연락할 필요 없잖아", "우리 관계를 위해서라면 네 가족 일에 너무 신경 쓰지 마"). 또는 원하지 않는 성적인 행동을 하도록 압력을 가할 수도 있다("나를 사랑한다면 이 정도는 해 줄 수 있는 거 아니야?").

이러한 요구의 기저에는 당신의 사랑을 이용하여 경계를 무너뜨리고 자율성을 침해하며 궁극적으로 자신의 소유물처럼 당신을 완전히 통제하려는 그의 욕망이 숨어 있다. 그는 당신의 사랑을 당연하게 여기면서도, 동시에 당신의 사랑을 끊임없이 의심하고 시험하려 한다. 당신이 그의 요구에 순응할 때 비로소 사랑을 확인하고 안심하며, 그의 통제 아래 있음을 확인하면서 만족감을 느낀다.

그의 요구를 거절하거나 망설이는 모습을 보이면, 그는 당신을 이기적이거나 사랑이 부족한 사람으로 몰아가며 죄책감을 심어 주고 당신의 마음을 약하게 만든다. "네가 나를 사랑하지 않는다는 증거야", "너 때문에 너무 실망했어", "결국 너도 다른 사람들과 똑같구나"와 같은 말로 당신을 비난하고 상처를 줄 수 있다.

감정적 협박에 반복적으로 노출되면, 그의 사랑을 잃거나 실망시킬까 봐 극심한 두려움을 느끼게 된다. 그의 요구가 부당하거나 당신의 가치관에 어긋난다는 것을 알면서도, 관계를 유지하기 위해 그의 비난을 피하려고 결국 그의 요구를 들어줄 수밖에 없다.

당신은 점차 자신의 욕구나 감정 표현을 포기하고, 오직 그의 기대를 충족시키는 데에만 집중하게 된다. 당신의 삶은 점점 더 그를 중심으로 돌아가게 되고, 관계 속에서 질식할 것 같은 답답함과 깊은 분노, 원망을 느낄 수 있다.

하지만 동시에 그의 사랑을 유지해야 한다는 강박감 때문에 건강하지 못한 관계에서 벗어나기 어려운 딜레마에 빠지게 된다.

진정한 사랑은 결코 조건을 달거나 복종을 강요하지 않는다. 건강한 관계는 서로의 자율성을 존중하고, 상대방의 의사를 강요하기보다는 대화와 타협을 통해 함께 결정해 나가는 과정이다. 만약 누군가가 당신의 사랑을 담보로 무리한 요구를 하거나 통제하려 한다면, 그것은 사랑이 아니라 명백한 조종이며 감정적 학대이다.

그의 사랑을 얻기 위해 자신을 희생하거나 가치관을 저버릴 필요가 없다. 당신은 있는 그대로 존중받고 사랑받을 자격이 있으며, 당신의 '아니오' 역시 존중받아야 한다. '사랑'이라는 이름으로 옭아매려는 그의 시도에 단호하게 저항하고 경계를 지키는 용기가 필요하다.

다른 사람들은 다 이해하는데 너만 왜 그래? / 내 전 애인은 안 그랬는데…

당신의 자존감을 직접적으로 공격하고 고립시키려는 매우 효과적인 조종 기술이다. 그의 생각이나 행동에 대해 다른 의견을 제시하거나 그의 문제점에 대해 비판하거나 혹은 관계에서의 불만을 표현할 때 그는 당신의 의견 자체를 존중하고 경청하기보다는 제3자를 끌어들여 당신을 공격하는 방식을 선택한다.

"내 친구들은 다 내 편인데, 왜 너만 나를 이해 못해?", "우리 가족은 모두 네가 좀 이상하다고 생각해", "회사 동료들은 다 나를 유능하다고 인정하는데, 너만 나를 무시하는구나"와 같이

'다른 모든 사람'을 자신의 편으로 만들고 당신만 '유독 이상하고 문제가 많은 사람'으로 몰아간다.

그는 존재하지 않는 '다른 사람들'의 의견을 내세우거나 실제로 주변 사람들에게 당신에 대한 부정적인 이야기를 흘려 당신을 고립시켰을 수도 있다. 그의 목표는 당신이 다수의 의견에 반하는 소수의 입장에 서게 하여 당신의 자신감을 꺾고 주장을 철회하도록 만드는 것이다. 결국 '정말 나만 이렇게 생각하는 건가?', '내가 틀린 건가?' 하는 생각에 고립감과 소외감을 느끼고 위축될 수 있다.

특히 과거 연인과의 비교는 당신에게 더욱 깊은 상처와 불안감을 안겨 줄 수 있다. "내 전 여자친구는 나한테 정말 헌신적이었는데, 너는 너무 이기적이야", "OO(전 애인 이름)는 이런 상황에서 나를 항상 이해해 줬는데, 너는 왜 그렇게 속이 좁아?", "솔직히 OO가 너보다 훨씬 더 매력적이었지"처럼 당신의 아픈 곳을 정확히 찔러 자존감을 바닥으로 떨어뜨린다.

그는 이상화된 과거 연인의 모습을 이용하여 현재의 당신을 끊임없이 평가절하하고, 질투심과 경쟁심을 유발시킨다. 그의 기준에 맞추기 위해 필사적으로 당신이 노력하도록 만든다. 그는 당신의 불안정한 모습을 보며, 자신의 우월함과 통제력을 확인하고 만족감을 느낀다. 앞에서도 설명한 것처럼 당신을 정서적으로 흔들고 관계에 더욱 집착하게 만드는 교활한 삼각관계 만들기 Triangulation 전략이다.

이러한 비교와 고립 전략에 반복적으로 노출되면 당신은 깊은 자기 의심과 열등감에 빠지게 된다. 끊임없이 자신을 다른 사람들과 비교하며 괴로워하고, '나는 충분하지 않다'라는 생각에 사로잡혀 자신감을 완전히 상실할 수 있다. 당신은 그의 인정을 받기 위해 혹은 그의 전 애인보다 더 나은 사람이 되기 위해 필사적으로 애쓰지만, 그의 기준은 끊임없이 변하거나 애초에 만족시킬 수 없는 가능성이 크다. 결국 정서적으로 완전히 소진된 당신은 깊은 무력감을 느끼게 된다. 또한 당신 편이 아무도 없다는 생각에 극심한 외로움과 고립감을 느끼며 그에게 더욱 의존하게 되는 악순환에 빠질 수 있다.

당신의 가치는 다른 사람들과의 비교를 통해 결정되지 않는다. 당신은 세상에 단 하나뿐인 소중하고 고유한 존재이며, 누군가의 과거 연인이나 다른 사람들의 기준에 맞춰 자기를 바꿀 필요가 없다. 당신의 생각과 감정은 존중받아야 하며, 다른 의견을 가졌다는 이유만으로 이상하거나 잘못된 사람이 되는 것은 아니다.

만약 누군가가 끊임없이 다른 사람들과 비교하며 당신을 깎아내리거나 고립시키려 한다면, 그것은 그 사람의 문제이지 당신의 문제가 아니다. 그러한 부당한 대우를 참아 낼 필요가 없으며, 있는 그대로 존중하고 지지해 주는 건강한 관계를 선택할 권리가 있다. 그의 비교와 고립 전략에 흔들리지 말고, 자신의 가치를 굳건히 지켜 나가야 한다.

미안해 / 내가 잘못했어 / 다시는 안 그럴게
(그러나 행동은 반복됨)

관계 속에서 갈등이나 문제가 발생했을 때 진심으로 자기 잘못을 인정하고 사과하며 변화를 위해 노력하는 것은 건강한 관계의 필수적인 요소이다. 하지만 나르시시스트의 사과는 이러한 진정성이 모자란 채, 단순히 위기를 모면하거나 당신을 다시 조종하기 위한 전략적인 수단으로 사용될 뿐이다.

당신은 아마도 그가 눈물을 흘리며 처절하게 용서를 구하고, 다시는 같은 잘못을 반복하지 않겠다고 굳게 약속하는 모습을 여러 번 보았을 것이다. 그리고 그 순간만큼은 그의 진심을 믿고 마음이 약해져 그를 용서하고 다시 한번 기회를 주었을 것이다. 하지만 안타깝게도 얼마 지나지 않아 그는 언제 그랬냐는 듯이 똑같은 잘못을 반복하고, 당신은 또다시 깊은 실망과 배신감을 느껴야 했을 것이다.

나르시시스트의 사과가 진정성이 없는 이유는 무엇일까?

첫째, 자기 잘못을 진심으로 인정하기를 매우 어려워한다. 자신의 불완전함이나 실수를 인정하는 것은 그의 부풀려진 자아상과 완벽하다는 믿음에 정면으로 어긋나기 때문이다. 따라서 그의 사과는 마지못해 하거나, 책임을 회피하기 위한 변명("미안하긴 한데, 네가 먼저 나를 화나게 했잖아")이나 조건을 동반("네가 ~한다면 사과할게")하는 경우가 많다.

둘째, 타인의 감정에 대한 공감 능력이 부족하므로 자기 행동이 얼마나 깊은 상처를 주었는지 진심으로 이해하거나 느끼지 못한다. 그의 사과는 당신 고통에 대한 공감보다는, 단지 당신의 분노를 잠재우고 상황을 자신에게 유리하게 만들기 위한 계산된 행동일 가능성이 크다.

셋째, 변화에 대한 진정한 의지나 동기가 부족하다. 그는 자기 행동 패턴이 문제라고 생각하지 않으며 변화의 필요성을 느끼지 못한다. 그의 "다시는 안 그럴게"라는 약속은 그 순간의 위기를 넘기기 위한 공허한 말일 뿐이다. 실제 행동으로 이어지지 않는 경우가 대부분이다.

그렇다면 어떻게 진심 어린 사과와 거짓된 사과를 구별할 수 있을까? 진심 어린 사과는 보통 다음과 같은 요소를 포함한다.

- 자신의 잘못된 행동을 구체적으로 인정한다("내가 그때 당신의 감정을 무시하고 함부로 말했던 것, 정말 미안해").
- 자기 행동이 상대방에게 어떤 영향을 미쳤는지 공감하고 이해하려 노력한다("내 말 때문에 얼마나 상처받고 실망했을지 알 것 같아").
- 자기 행동에 대한 변명이나 합리화를 하지 않고 온전히 책임을 진다.
- 용서를 강요하지 않고 상대방의 감정을 존중하며 기다린다.
- 같은 잘못을 반복하지 않기 위한 구체적인 노력과 변화된 행동을 보여 준다.

반면에 나르시시스트의 거짓된 사과는 다음과 같은 특징을 보인다.

- 사과가 모호하거나 일반적이다("미안해, 그냥 다 미안해").
- 사과하는 이유를 외부나 상대방 탓으로 돌린다("내가 그렇게 행동한 건 미안하지만, 네가 먼저...").
- 자기 행동을 축소하거나 정당화하려 한다("나는 그냥 농담이었는데, 네가 너무 예민하게 받아들인 거야").
- 사과하면서 동시에 동정심을 유발하려 한다("나도 요즘 너

무 힘들어서 그랬어. 미안해").
- 사과 후에 보상을 요구하거나 용서를 당연하게 여긴다("내가 이렇게 사과했으니 이제 그만 화 풀어").
- 사과에도 불구하고 같은 행동이 지속적으로 반복된다.

그의 반복되는 거짓 사과와 지켜지지 않는 약속은 희망 고문과 같은 깊은 고통을 안겨 준다. 그의 사과를 믿고 싶지만, 반복되는 배신 속에서 점차 그의 말을 신뢰할 수 없게 되고 깊은 회의감과 냉소주의에 빠질 수 있다.

또한 그의 행동이 변하지 않는 것에 대해 자신을 탓하며 '내가 더 노력해야 하나?', '내가 그를 변화시키지 못하는 건가?' 하는 생각에 무력감을 느낄 수도 있다. 이러한 희망과 절망의 반복은 당신의 정신적 에너지를 고갈시키고, 관계의 악순환에서 벗어나는 것을 더욱 어렵게 만든다.

이제 그의 '미안하다'라는 말에 자동으로 반응하는 대신 그의 행동 변화를 냉정하게 관찰해야 한다. 진정한 반성은 말이 아니라 행동으로 증명되는 법이다. 반복되는 잘못과 지켜지지 않는 약속은 그가 변할 의지가 없다는 명백한 증거이다. 더 이상 그의 거짓된 사과에 속아 희망을 품고 기다릴 필요가 없다. 당신은 진정성 있는 관계와 신뢰할 수 있는 파트너를 만날 자격이 있다.

과도한 칭찬과 비난의 극단적인 반복
(이상화와 평가절하 주기)

나르시시스트와의 관계를 경험한 사람이 가장 혼란스러워하고 중독되기 쉬운 패턴 중 하나가 바로 극단적인 '이상화 Idealization'와 '평가절하 Devaluation'의 반복 주기이다. 단순한 기분 변화나 애정도의 변화가 아니라, 당신을 자신의 통제 아래 묶어 두고 자아를 파괴하기 위한 체계적이고 파괴적인 심리적 과정이다.

▶ **이상화 단계** : 관계의 시작은 보통 강렬한 이상화 즉 '러브 바밍'으로 시작된다. 그는 당신을 세상에서 가장 완벽하고 특별한 존재인 것처럼 떠받든다. 당신의 외모, 지성, 유머 감각, 성격 등 모든 것을 극찬하며, 당신 없이는 살 수 없을 것처럼 매달리고 열정적인 애정을 쏟아붓는다. 그는 당신이 꿈꿔왔던 이상적인 연인의 모습을 정확히 연기하며, '소울메이트'를 만났다는 환상을 심어 준다. 이 단계에서 극도의 행복감과 특별함을 느끼며, 그에게 완전히 매료되고 깊은 정서적 유대감을 형성하게 된다. 그는 당신의 모든 것을 받아 주고 이해해 주는 것처럼 보이며, 이

관계가 영원히 지속될 것이라고 믿게 된다.

▶ **평가절하 단계** : 황홀한 이상화의 시간은 그리 오래가지 않는다. 일단 그가 당신의 마음을 완전히 사로잡았다고 판단하거나 더 이상 새로운 '공급(찬사, 관심)'을 얻기 어렵다고 느끼거나 혹은 당신의 어떤 면(독립성, 비판적 사고 등)이 자신의 통제력에 위협이 된다고 느끼기 시작하면, 돌연 태도를 바꾸어 당신을 깎아내리고 비난하기 시작한다. 바로 평가절하 단계이다. 그는 당신의 작은 실수나 단점을 끊임없이 지적하고 비판하며, 당신의 가치를 떨어뜨리는 말을 서슴지 않는다. 외모를 비하하고 능력을 의심하며, 당신의 감정을 무시하고, 다른 사람들과 비교하며 열등감을 심어 준다. 이전에 퍼부었던 찬사는 온데간데없이 사라지고, 당신을 향한 경멸과 무시, 냉담함만이 남는다. 자존감을 철저히 파괴하고 불안정하게 만들어 당신이 더욱 그에게 매달리고 그의 통제에 순응하도록 만든다.

▶ **반복되는 주기와 그 영향** : 중요한 것은 이상화와 평가절하가 단 한 번으로 끝나는 것이 아니라 예측 불가능한 방식으로 반복된다는 점이다. 당신이 평가절하의 고통 속에서 관계를 포기하려 하거나 완전히 지쳐 버릴 때쯤 그는 다시 이상화 단계의 가면을 쓰고 나타나 잠깐의 달콤함을

선사한다. 그는 갑자기 사과하거나 칭찬하고 미래에 대한 희망을 심어 주며 당신의 마음을 다시 흔들어 놓는다. 당신은 이 '보상'에 다시 희망을 품고 관계를 지속하지만, 얼마 지나지 않아 또다시 가혹한 평가절하의 단계로 추락하게 된다.

극단적인 감정의 롤러코스터는 당신의 정신과 영혼을 완전히 지치게 만들고, 끊임없는 혼란과 불안정감 속에서 살아가게 된다. 그의 진짜 모습이 무엇인지, 그가 진정으로 당신을 어떻게 생각하는지 알 수 없어 극심한 인지 부조화를 겪는다. 자존감은 바닥까지 떨어지고, 당신은 자신이 아무런 가치 없는 존재처럼 느껴질 수 있다.

또한 예측할 수 없는 보상과 처벌의 반복은 트라우마 본딩을 강력하게 형성하고 당신이 관계에 중독되도록 만든다. 당신은 고통 속에서도 이상화 단계의 황홀했던 기억과 간헐적으로 주어지는 보상에 대한 갈망 때문에 그에게서 벗어나지 못하고, 마치 마약 중독자처럼 파괴적인 관계를 끊어내지 못하게 된다.

그래서 파괴적인 주기를 인식하는 것이 중요하다. 이것은 결코 건강한 사랑의 역동성이 아니다. 당신을 통제하고 착취하며 자아를 파괴하려는 정교한 심리적 학대이다.

더 이상 이 롤러코스터 위에서 아슬아슬한 줄타기를 할 필요가 없다. 당신은 안정적이고 예측할 수 있으며, 있는 그대로 존중하고 일관된 애정을 보여 주는 건강한 관계를 누릴 자격이 있다. 이 파괴적인 주기의 실체를 깨닫고 그 안에서 벗어나려는 결단이 당신의 치유와 자유를 위한 첫걸음이 될 것이다.

갑작스러운 연락 두절 및 침묵
(침묵 처벌)

침묵은 때로는 금보다 귀하다고 하지만, 나르시시스트에게 침묵은 당신의 영혼을 얼어붙게 만드는 차갑고 잔인한 무기가 된다. 그의 심기를 조금이라도 건드렸다고 생각될 때, 그가 길들이거나 벌주고 싶을 때 아무런 예고나 설명 없이 당신과의 모든 소통을 갑자기 차단해 버린다. 이것은 단순히 화가 나서 잠시 말을 안 하는 수준을 넘어서는 의도적이고 계산된 정서적 학대이자 통제 전략이다.

그의 침묵은 다양한 형태로 나타나며, 당신의 전화나 메시지를 완전히 무시할 수 있다. 당신이 아무리 애타게 연락해도 묵묵부답으로 일관하며 당신의 존재 자체를 지워버린다. 함께 있는 공간에서도 당신을 마치 유령처럼 취급할 수 있다. 당신의 질문에 대답하지 않고, 눈을 맞추지 않으며, 당신이 없는 것처럼 다른 사람들과 이야기하거나 다른 일에 몰두한다. 그에게 왜 침묵하는지 물어도 "할 말 없어", "나 좀 내버려 둬", "네가 뭘 잘못했는지 스스로 생각해 봐"와 같이 냉담하게 대답하거나 아예 무시하며 당신을 더욱 깊은 혼란과 불안 속으로 밀어 넣는다. 그의 침묵은 몇 시간 동안 지속될 수도 있고, 며칠 심지어 몇 주 동안 이어지며 당신의 피를 말릴 수도 있다.

갑작스럽고 설명 없는 침묵은 극도의 불안감과 공포감을 안겨 준다. 당신은 영문도 모른 채 그에게 버려졌다는 생각에 깊은 고립감과 절망감을 느낀다. 당신의 머릿속은 온통 '내가 뭘 잘못했을까?' 하는 생각으로 가득 차게 되고, 과거의 사소한 말이나 행동까지 모두 끄집어내어 그의 침묵의 원인을 찾으려 애쓰며 죄책감에 시달린다.

이 끔찍한 침묵의 형벌에서 벗어나기 위해, 그와의 관계를 회복하기 위해 필사적으로 노력하게 된다. 오히려 당신이 반복해서 사과하고, 그의 기분을 풀어 주기 위해 선물을 사거나 원하는 것을 들어주겠다고 약속하며, 그의 처분만을 애타게 기다리게 된다. 그의 침묵 앞에서 완전히 무력해지고, 자존감은 바닥까지 떨어진다.

나르시시스트는 바로 이러한 반응을 노리고 침묵을 무기로 사용하는 것이다. 앞에서도 설명하였지만, 침묵은 그에게 여러 가지 이점을 제공한다.

당신의 행동을 효과적으로 통제하고 길들이며, 당신의 불안감과 죄책감을 증폭시켜 정서적으로 더욱 취약하게 만들고, 그에게 더욱 의존하게 만든다. 또한 노력이나 책임을 지지 않고도 당신에게 고통을 주고 상황을 통제할 수 있다. 그는 침묵으로 갈등 상황의 대화를 회피하고, 모든 문제 해결의 책임을 당신에게 떠넘긴다. 당신이 고통스러워하는 모습을 보며 자신의 힘을 느끼고 만족감을 얻을 수도 있다.

침묵 처벌은 결코 성숙하거나 건강한 소통 방식이 아니다. 이것은 상대방의 감정을 짓밟고 존재를 부정함으로써 심리적인 고통을 가하는 명백한 정서적 학대이다. 그래서 그의 침묵에 대해 책임감을 느낄 필요가 없으며, 의도를 알아내기 위해 자신을 괴롭힐 필요도 없다. 그의 침묵은 당신의 잘못이 아니라 그의 미성숙함과 잔인함 그리고 통제 욕구의 표현일 뿐이다.

그의 침묵 게임에 휘말려 감정과 자존감을 소모하는 대신 자신에게 집중하고 안정을 찾는 데 힘쓰는 것이 중요하다. 만약 파트너가 습관적으로 침묵을 처벌의 도구로 사용한다면, 그 관계는 매우 해로우며 그 관계에서 벗어나길 바란다. 당신은 침묵이 아닌 존중과 소통이 있는 관계를 누려야 한다.

미래에 대한 과장된 약속
(미래 페이킹)

나르시시스트는 타인의 마음을 사로잡거나 위기 상황을 모면하기 위해, 실제로는 전혀 지킬 의지가 없거나 실현 불가능한 미래에 대한 환상을 심어 주는 데 매우 능숙하다. 이것을 '미래 페이킹 Future Faking'이라고 부르는데, 당신의 희망과 기대를 이용하여 당신을 현재의 관계에 묶어 두고 당신의 헌신과 자원을 끌어내려는 교묘한 조종 전략이다.

미래 페이킹은 주로 관계 초기에 러브 바밍과 함께 나타난다. 그는 만난 지 얼마 되지 않았음에도 불구하고 결혼, 아이 계획, 함께 살 집, 꿈같은 여행 등 매우 구체적이고 이상적인 미래에 대해 열정적으로 이야기한다. "우리는 정말 천생연분이야. 빨리 너와 가정을 꾸리고 싶어", "우리가 함께라면 어떤 어려움도 헤쳐 나갈 수 있을 거야", "나는 너와 함께 세계 일주를 하는 꿈을 꿔"와 같이 가슴을 설레게 만드는 달콤한 말을 쏟아 낸다. 그의 확신에 찬 태도와 장밋빛 미래 설계는 이 관계가 진지하고 안정적이며 밝은 미래를 향해 나아가고 있다는 착각을 하게 만든다.

또한 미래 페이킹은 당신이 관계에 대해 의문을 품거나 그의 문제 행동 때문에 지쳐서 떠나려 할 때, 다시 붙잡기 위한 수단으로 사용되기도 한다. 그는 당신이 헤어지자는 말을 하면 갑자기 무릎을 꿇고 눈물로 용서를 구하며, "내가 다 잘못했어. 너 없이는 살 수 없어. 내가 앞으로 정말 잘할게. 우리 다시 시작하자. 내가 너를 얼마나 사랑하는지 보여 줄게. 우리 내년에 결혼하자"와 같이 미래에 대한 구체적인 약속을 남발하며 마음을 돌리려 한다. 그는 당신의 희망을 자극하여 현재의 문제를 덮고 관계를 연장하려 하는 것이다.

그렇다면 왜 나르시시스트는 지키지도 못할 미래를 약속하는 것일까?

첫째, 관계에 묶어 두는 가장 효과적인 방법의 하나이기 때문이다. 그와의 '행복한 미래'를 기대하게 되면, 현재 그가 보이는 문제 행동이나 관계의 어려움을 '미래를 위한 일시적인 과정'으로 여기며 참고 견디게 될 가능성이 크다. 그 미래를 위해 당신의 현재 시간, 감정, 돈, 노력을 기꺼이 투자하게 된다.

둘째, 미래 페이킹은 그에게 '나르시시즘적 공급'을 제공한다. 그의 약속을 믿고 희망에 부풀어 헌신하고 찬사를 보내는 모습은, 그의 자존감을 높여 주고 만족감을 준다. 그는 당신의 미래에 대한 기대를 이용하여 현재 당신으로부터 원하는 것을 쉽게 얻어 낼 수 있다.

셋째, 실제로 미래를 계획하거나 책임지는 것에 대한 부담감이나 능력이 부족할 수 있다. 그는 현재의 만족과 쾌락을 추구하는 데 더 익숙하며, 미래의 약속은 단지 현재의 문제를 해결하거나 당신을 붙잡아두기 위한 임시방편적인 말에 불과할 수 있다.

미래 페이킹의 가장 큰 피해는 그의 거짓된 약속을 믿고 당신의 소중한 시간과 기회를 낭비하게 된다는 것이다. 그와의 '가짜 미래'를 기다리며 당신의 현재를 희생하지만, 약속했던 미래는 절대로 오지 않거나 계속해서 미뤄진다. 결국 그의 약속이 모두 거짓이었음을 깨닫고, 깊은 실망감과 배신감, 허탈감에 빠지게 된다. 그에게 속았다는 생각에 분노하고, 그 관계에 쏟아 부었던 당신의 모든 것에 대해 깊은 후회와 억울함을 느낄 수 있다. 또한 이러한 경험은 당신이 미래에 대한 희망을 품거나 다른 사람들의 약속을 신뢰하는 것을 어렵게 만들 수 있다.

따라서 관계 초기에 상대방이 지나치게 빨리 그리고 과장되게 미래를 약속한다면 한 걸음 물러서서 신중하게 살펴보아야 한다. 진정한 관계는 말뿐인 약속이 아니라 현재의 행동과 일관성을 통해 신뢰를 쌓아가는 과정이다. 그의 말이 아니라 행동이 미래에 대한 그의 진정한 의지를 보여 주는 증거임을 기억해야 한다. 더 이상 실현 불가능한 환상에 당신의 소중한 삶을 저당 잡힐 필요가 없다. 당신은 진실하고 책임감 있는 관계 속에서 현실적인 미래를 함께 만들어 나갈 권리가 있다.

미묘한 규칙 위반과 특권 의식의 표출

나르시시스트의 자기중심성과 특권 의식은 관계에서의 큰 문제일 뿐만 아니라, 일상생활 속에서의 사소해 보이는 행동들을 통해서도 미묘하게 드러난다. 이러한 행동은 너무나 사소해서 대수롭지 않게 여기거나 그의 '개성' 혹은 '대담함'으로 착각하고 넘어갈 수도 있지만, 사실은 그의 근본적인 성격과 가치관, 타인을 대하는 태도를 보여 주는 단서가 될 수 있다.

예를 들어 사회적인 규칙이나 규범을 공공연히 무시하는 모습을 보일 수 있다. 운전 중에 난폭하게 굴거나 교통 법규를 상습적으로 위반하고도 아무렇지 않거나, 식당이나 상점에서 직원에게 무례하게 굴거나 부당한 요구를 하고, 공공장소에서 큰 소리로 떠들거나 다른 사람들에게 피해를 주는 행동을 하면서도 전혀 미안해하지 않을 수 있다.

줄을 서서 기다리는 것을 참지 못하고 새치기하거나, 주차 금지 구역에 버젓이 주차하고 혹은 도서관이나 영화관 같은 조용한 공간에서 소음을 내는 등 자신만의 편의를 위해 다른 사람들의 권리나 약속된 규범을 쉽게 무시하는 경향을 보인다.

또한 자신이 특별한 대우를 받아야 한다고 당연하게 여기는 태도를 보일 수 있다. 그는 사람들이 모두 지켜야 하는 규칙에서 자신은 예외라고 생각하거나 다른 사람들보다 더 많은 것을 누릴 자격이 있다고 믿을 수 있다. 그는 다른 사람들의 시간이나 노력을 존중하지 않고 자신의 요구를 우선시하며, 자신이 원하는 것을 얻기 위해 약간의 속임수나 편법을 사용하는 것을 부끄러워하지 않을 수 있다. 그는 다른 사람들에게 받은 도움이나 호의에 감사함을 표현하는 데 인색하며, 오히려 그것을 당연한 권리처럼 여길 수 있다.

사소해 보이는 행동들 이면에는 '나는 특별하니까 괜찮아', '규칙은 나 같은 사람이 아니라 평범한 사람들을 위한 거야', '내 욕구가 다른 사람들의 권리보다 더 중요해'라는 그의 깊은 특권 의식이 자리 잡고 있다. 그는 타인을 자신과 동등한 존재로 존중하지 않으며, 세상이 자신을 중심으로 돌아가야 한다고 믿는다. 그는 자기 행동이 다른 사람들에게 어떤 영향을 미치는지에 별다른 관심이나 고려가 없다.

이러한 행동에 처음에는 불편함이나 당혹감을 느낄 수 있다. 하지만 그가 너무나 당당하고 자신만만하게 행동하거나 혹은 "뭘 그렇게 답답하게 굴어?", "세상 편하게 살아야지", "이 정도는 다들 하는 거 아니야?"와 같이 오히려 당신을 속이 좁거나 융통성 없는 사람으로 몰아갈 수 있기 때문에, 점차 그의 행동에 둔감해지거나, 심지어 동조할 수도 있다. 혹은 '규칙에 얽매이지 않는 자유로운 영혼'이나 '카리스마 넘치는 대담함'에 매력을 느꼈을 수도 있다.

하지만 일상에서의 이러한 미묘한 규칙 위반과 특권 의식의 표출은 결코 가볍게 넘길 문제가 아니다. 이것은 근본적인 인격과 도덕성, 타인에 대한 존중심 부족을 보여 주는 명백한 증거이다. 사회적 규칙이나 타인의 권리를 존중하지 않는 사람이 과연 당신과의 관계에서 당신의 감정이나 경계, 약속을 진심으로 존중할 수 있을까? 그럴 가능성은 매우 낮다. 그는 관계에서도 마찬가지로 자신의 욕구를 우선시하고 당신을 함부로 대하며, 부과되는 규칙(정직, 충실함, 책임감)은 자신에게 적용되지 않는다고 생각할 가능성이 크다. 따라서 사소해 보이는 신호를 놓치지 않고 그가 가진 인격의 본질을 파악하는 것은, 앞으로 겪게 될 더 큰 고통을 예방하는 데 매우 중요하다.

지금까지 나르시시스트가 관계 속에서 놀라울 정도로 유사하게 사용하는 단골 대사와 행동 패턴 열 가지를 심층적으로 살펴보았다. '너는 너무 예민해'라는 가스라이팅부터 '나는 그런 적 없어'라는 현실 부정, '내가 얼마나 힘든지 몰라'라는 피해자 역할극, '나를 사랑한다면'이라는 감정적 협박, '다른 사람들은 안 그런데 너만 왜 그래'라는 비교와 고립, '미안해'라는 거짓된 사과, 극단적인 이상화와 평가절하의 반복, 침묵 처벌, 미래 페이킹 그리고 미묘한 규칙 위반과 특권 의식까지. 아마 이 패턴 중 상당수를 직접 겪었거나 목격했을 것이고, 그 과정에서 깊은 혼란과 고통을 느꼈을 것이다.

반복되는 패턴을 명확히 인식하고 그 의미를 이해하는 것은 당신의 회복 여정에 있어 매우 강력한 힘을 가진다.

첫째, 당신의 경험이 결코 혼자만의 문제가 아니었으며, 당신이 느꼈던 혼란과 고통이 지극히 정상적인 반응이었음을 확인하고 깊은 위안과 정당성을 얻을 수 있다. 더 이상 자신을 탓하거나 당신의 경험을 의심할 필요가 없다.

둘째, 당신은 그의 행동 이면에 숨겨진 의도와 심리적 메커니즘을 이해함으로써 상황을 객관적으로 인식하고 그의 영향력에서 벗어날 힘을 얻게 된다. 그의 말과 행동은 더 이상 혼란스럽게 만드는 안개가 아니라 해독할 수 있는 분명한 신호가 된다.

셋째, 패턴 언어에 대한 이해는 당신의 미래를 위한 소중한 보호막이 된다. 앞으로 새로운 사람을 만나거나 관계를 맺을 때, 이러한 위험 신호를 훨씬 더 빠르고 정확하게 감지하여 자신을 효과적으로 보호할 수 있는 분별력을 갖추게 된다.

이제 그가 만들어 낸 연극 무대 위에서 그의 대본에 따라 춤출 필요가 없다. 무대 뒤의 진실을 보았고, 그의 속임수를 간파했으며, 그의 패턴 언어를 해독하는 능력을 갖추었다.

이러한 능력은 과거의 속박으로부터 자유롭게 할 것이며, 진정으로 나다운 삶, 그토록 원하는 건강하고 행복한 관계를 만들어 나가는 데 든든한 길잡이가 되어 줄 것이다. 고통스러운 경험은 당신을 파괴하는 대신 더욱 현명하고, 강인하며, 자유로운 존재로 거듭나게 했다. 이제는 당신의 손으로, 당신의 언어로, 당신의 진정한 이야기를 써 내려갈 시간이다.

공감 능력, 따뜻함, 책임감, 신뢰와 같은 긍정적인 자질은 나르시시스트에겐 매력적인 표적이 된다. 나르시시스트는 이러한 특성을 통해 자신이 원하는 것을 쉽게 얻을 수 있다고 판단하기 때문이다. 따라서 나르시시스트에게 끌렸던 것은 당신이 약하거나 문제가 있어서가 아니라, 오히려 당신이 가진 풍부한 인간성과 건강한 자질이, 역설적으로 그에게 이용당할 빌미를 제공했기 때문일 수 있다.

아름다운 내면이 안타깝게도 약탈자의 눈에는 너무나 탐스러운 먹잇감으로 비쳤다. 그러니 더 이상 자신을 탓하지 말라. 당신의 잘못이 아니라 당신의 빛을 탐낸 그의 문제였음을 기억해야 한다.

<왜 나였을까> 중에서

PART

03

관계의 폭풍 속에서
길을 잃다

{ 당신이 겪는 고통의 정체 }

나르시시스트와의 관계는 삶에 깊은 상처와 혼란을 남겼다. 겉으로는 평범해 보였을지 모르는 그 관계의 이면에는, 당신의 영혼을 서서히 잠식하고 정체성을 뒤흔드는 격렬한 폭풍우가 몰아치고 있었다. 그 폭풍 속에서 방향을 잃고, 무엇이 진실인지, 심지어 자신이 누구인지조차 희미해지는 고통스러운 시간을 보냈을 것이다.

이번 3부에서는 나르시시스트와의 관계가 내면에 남긴 깊은 상처와 그 후유증의 정체를 본격적으로 탐색하고자 한다. 당신이 겪었던 감정의 소용돌이, 서서히 자신을 잃어갔던 과정, 몸과 마음이 보내는 고통의 신호 그리고 관계가 끝난 후에도 계속되는 혼란의 실체를 명확히 이해하는 것은, 고통을 객관적으로 인식하고 진정한 치유와 회복으로 나아가는 데 필수적인 과정이다. 당신의 아픔은 결코 과장된 것이 아니며, 이제 그 고통의 이름을 정확히 불러 주고 따뜻하게 보듬어 줄 시간이다.

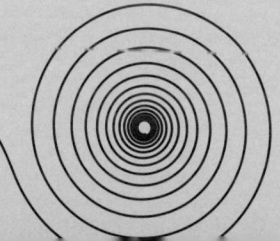

008

롤러코스터 같은 감정의 소용돌이

나르시시스트와의 관계를 경험한 많은 사람이 공통으로 호소하는 것 중 하나는 바로 극심한 감정의 기복 즉 '롤러코스터를 타는 듯한 경험'이다. 관계 속에서 세상을 다 가진 듯한 황홀한 행복감과 모든 것이 무너져 내리는 듯한 절망감을 짧은 시간 안에 번갈아 경험했을 것이다.

그의 말 한마디, 행동 하나에 당신의 감정은 천국과 지옥을 숨 가쁘게 오갔고, 예측 불가능한 감정의 소용돌이 속에서 극도의 피로감과 혼란을 느꼈을 것이다. 왜 그와의 관계는 이토록 불안정하고 극단적인 감정의 변화를 동반했을까? 당신의 마음을 그토록 뒤흔들었던 이 롤러코스터의 정체는 무엇일까? 이번 장에서는 당신을 지치게 만들었던 격렬한 감정의 소용돌이의 원인과 메커니즘을 깊이 있게 파헤쳐 본다.

천국과 지옥을 오가는 관계

나르시시스트와의 관계는 극단적인 양면성을 띤다. 한순간 세상에서 가장 다정하고 로맨틱한 연인이 되어 당신에게 황홀한 행복감을 선사한다. 그는 뜨거운 사랑과 찬사를 아끼지 않고, 꿈꿔왔던 이상적인 순간을 현실로 만들어 준다. 이 순간만큼은 그가 당신의 '소울메이트'이며, 이 관계가 진정으로 특별하다고 믿게 된다. 마치 구름 위를 걷는 듯한 현실 같지 않은 행복감 속에서 당신은 그의 모든 것을 용서하고, 다시 한번 관계에 대한 희망을 품게 된다. 이것이 당신이 경험한 관계의 '천국'이다.

하지만 이 천국의 시간은 예고 없이 그리고 너무나 갑작스럽게 '지옥'으로 돌변한다. 바로 어제까지 여왕처럼 떠받들던 그는 하룻밤 사이에 당신을 벌레 보듯 경멸하거나 사소한 일에 격렬한 분노를 터뜨리며 비난하고 모욕한다. 아무런 설명 없이 차갑게 외면하고 침묵으로 벌을 내린다. 그의 갑작스러운 변화에 어리둥절하고 깊은 상처를 받으며, 버려질지도 모른다는 극심한 불안감과 공포에 휩싸인다. 조금 전까지 느꼈던 행복감이 마치 신기루처럼 느껴지고, 예측 불가능한 그의 행동 앞에서 속수무책으로 무너져 내린다.

이러한 천국과 지옥의 반복은 나르시시스트의 핵심적인 관계 패턴인 '이상화Idealization'와 '평가절하Devaluation' 주기의 극명한 표현이다. 그는 자신의 필요에 따라 당신을 이상적인 존재로 떠받들었다가(이상화), 자신의 불안감을 해소하거나 당신을 통제할 필요가 있을 때 가차 없이 당신의 가치를 깎아내리고 학대한다(평가절하). 이 주기는 일정한 패턴 없이 오직 그의 기분과 상황에 따라 예측 불가능하게 반복된다. 그래서 언제 천국에서 지옥으로 떨어질지, 언제 다시 희미한 천국의 빛을 볼 수 있을지 전혀 예상할 수 없다.

극단적인 감정의 널뛰기는 당신의 정신을 극도로 피폐하게 만든다. 항상 긴장 상태를 유지하며 그의 기분 변화에 촉각을 곤두세워야 하고, 언제 닥칠지 모르는 그의 분노나 냉담함에 대비해야 한다. 당신의 정서적 에너지는 이 불안정한 관계를 유지하고 그의 감정에 대응하는 데 모두 소진되고, 만성적인 피로감과 무력감에 시달리게 된다.

또한 천국과 지옥을 오가는 경험은 현실 감각을 왜곡시킨다. 지옥 같은 고통 속에서도 희미하게 남아 있는 천국의 기억에 매달리며 관계를 놓지 못하고, 이 비정상적인 관계 패턴을 정상적인 사랑의 일부라고 착각할 수도 있다. 이 끔찍한 롤러코스터는 당신의 영혼을 지치게 하고 판단력을 마비시키는 파괴적인 경험이었음을 잊지 말아야 한다.

끊임없이 희망을 품게 되는 이유
: 간헐적 강화

그토록 고통스러운 지옥을 반복해서 경험하면서도 왜 그 관계를 쉽게 끝내지 못하고 끊임없이 희망을 품었던 것일까? 왜 그의 사과 한마디, 작은 친절 하나에 다시 마음이 흔들리고 '이번에는 다를 거야', '그도 변할 수 있을 거야'라는 기대를 버리지 못했던 것일까? 여기에는 '간헐적 강화Intermittent Reinforcement'라는 강력한 심리적 메커니즘이 작용하고 있다.

간헐적 강화란, 보상이 규칙적으로 주어지는 것이 아니라 예측 불가능하게 간헐적으로 주어질 때, 그 행동이 더욱 강력하게 유지되고 소거되기 어려운 현상을 말한다.

가장 대표적인 예가 바로 슬롯머신과 같은 도박이다. 도박꾼은 돈을 딸 때도 있지만 대부분 잃는다. 하지만 언제 '잭팟'이 터질지 알 수 없으므로 그 불확실한 보상에 대한 기대로 계속해서 돈을 쏟아붓게 되는 것이다. 만약 슬롯머신이 항상 돈을 잃게만 하거나 항상 일정한 금액만 따게 한다면 사람들은 금방 흥미를 잃고 그만둘 것이다. 하지만 예측 불가능한 간헐적인 보상은 사람들을 강력하게 중독시킨다.

나르시시스트와의 관계는 바로 슬롯머신과 매우 유사하다. 지속적으로 애정과 존중을 보여 주는 대신 평가절하와 학대라는 '잃는 경험'을 반복적으로 안겨 준다. 하지만 아주 가끔, 예측 불가능한 타이밍에서 관계 초기의 '러브 바밍'을 연상시키는 달콤한 보상인 '잭팟'을 당신에게 던져 준다. 그가 갑자기 사과하며 눈물을 흘리거나 변함없는 사랑을 고백하거나 오랫동안 원했던 선물이나 이벤트를 해 주고 또는 미래에 대한 희망적인 약속을 하는 등의 행동이 바로 그것이다.

이러한 간헐적인 긍정적 강화는 당신에게 강력한 효과를 발휘한다. 오랜 가뭄 끝에 내리는 단비처럼, 그의 갑작스러운 애정 표현은 고통과 절망감을 일시적으로 잊게 만들고, 강렬한 희열과 안도감을 선사한다. 당신의 뇌에서는 도파민과 같은 신경전달물질이 분비되어 쾌감을 느끼고, 이 쾌감에 중독되어 그의 '좋은 모습'을 다시 경험하기를 갈망하게 된다.

그동안 겪었던 수많은 고통스러운 기억을 잠시 잊거나 합리화하고, 이 희귀한 '보상'에 집착하며 관계에 대한 희망의 끈을 놓지 못하게 된다. '그래, 역시 그는 나를 사랑하는 거야', '그가 진심으로 반성하고 변하려고 노력하는 거야', '이 순간을 위해서라면 그동안의 힘든 시간을 견딜 수 있어'라고 자신을 설득한다.

간헐적 강화는 나르시시스트가 관계의 덫 안에 효과적으로 묶어 두는 가장 강력한 무기 중 하나이다. 나르시시스트는 의식적이든 무의식적이든, 이 강화 원리를 이용하여 희망을 담보로 당신을 조종하고 착취한다. 그는 당신이 완전히 지쳐 떠나가려 할 때쯤이면 어김없이 달콤한 보상을 던져 주어 다시 붙잡고, 당신이 안정감을 느끼기 시작하면 다시 평가절하와 학대를 시작하는 패턴을 반복한다.

결국 예측 불가능한 보상 시스템에 길들어, 마치 '파블로프의 개'처럼 그의 신호에 따라 희망과 절망 사이를 오가며 그의 통제 아래 놓이게 된다. 당신이 품었던 희망은 건강한 관계에 대한 기대가 아니라 심리적으로 조작된 중독적인 갈망이었을 가능성이 크다. 이 잔인한 게임의 법칙을 깨닫는 것이 중요하다.

벗어나고 싶지만 벗어날 수 없는 마음
: 트라우마 본딩

"그 사람이 나쁘다는 걸 알아요. 벗어나야 한다는 것도 머리로는 알아요. 그런데 이상하게도 마음이 떠나지질 않아요. 그 사람 없이는 살 수 없을 것 같아요."

나르시시스트와의 관계에서 벗어나려 하거나 벗어난 사람들이 흔히 호소하는 이 감정의 정체는 무엇일까? 이것은 단순한 미련이나 사랑이 아니다. 학대적인 관계에서 피해자가 가해자에게 느끼는 강력하고 비이성적인 정서적 유대감, 즉 '트라우마 본딩Trauma Bonding' 또는 '외상적 유대'일 가능성이 크다.

트라우마 본딩은 인질이 자신을 납치한 범인에게 동화되거나 애착을 느끼는 '스톡홀름 증후군'과 유사한 심리적 현상이다. 극심한 스트레스와 학대 상황에 대한 인간의 본능적인 생존 반응 중 하나로 이해될 수 있다.

나르시시스트와의 관계는 앞서 살펴본 것처럼 이상화와 평가절하 즉 애정과 학대가 예측 불가능하게 반복되는 특징을 보인다. 이러한 극단적인 경험의 반복 속에서 강력한 정서적 혼란과 불안감을 느끼게 된다. 이때 가해자인 나르시시스트가 간헐적으로 보여 주는 작은 친절이나 애정 표현은 사막의 오아시스처럼 느껴지며, 극도의 안도감과 감사함을 유발한다. 자신에게 고통을 주는 바로 그 사람에게 위안과 동시에 안정감을 갈망하게 되는 모순적인 상황에 부딪치게 되는 것이다.

트라우마 본딩은 다음과 같은 과정을 통해 형성되고 강화된다.

첫째, 권력의 불균형이 존재한다. 그는 관계에서 우위를 점하고 통제하려 하며, 당신은 점차 무력감과 의존성을 느끼게 된다.

둘째, 간헐적인 보상과 처벌이 반복된다. 그의 예측 불가능한 애정과 학대의 순환은 당신을 혼란스럽게 만들고, 그의 '좋은' 모습에 대한 갈망을 증폭시킨다.

셋째, 학대 상황에 대한 부정 또는 합리화가 일어난다. 고통스러운 현실을 직면하기 어려워 학대를 축소하거나 그의 행동을 정당화하며 관계에 대한 희망을 유지하려 한다.

넷째, 점진적인 고립이 이루어진다. 그는 의도적으로 당신을 친구, 가족, 사회적 지지망으로부터 분리시키려 하며 점차 자신에게만 의존하게 만든다.

이러한 과정을 통해 자신에게 해를 가하는 사람에게 오히려 강한 애착과 충성심을 느끼게 된다. 당신은 그를 떠나는 것을 상상하기 어렵고, 그가 없는 삶은 공허하고 무의미하게 느껴질 수 있다. 심지어 그를 비난하거나 그에게서 벗어나도록 돕는 사람들에게 적대감을 느끼거나, 그의 입장을 변호하려 할 수도 있다. 그와의 관계가 고통스럽다는 것을 알면서도 마치 중독된 것처럼 그 관계에서 벗어나지 못하고 맴돌게 된다.

트라우마 본딩은 결코 진정한 사랑이나 건강한 애착이 아니다. 그것은 학대적인 환경에 대한 비정상적인 적응의 결과이며, 생존 본능이 왜곡된 방식으로 발현된 것이다. 이 강력한 유대감을 깨닫고 인정하는 것은 매우 고통스러운 과정일 수 있다.

하지만 벗어나고 싶지만 벗어날 수 없다고 느끼는 그 마음의

> **반응하지 않았더라면 괜찮았을까?**
> **나르시시스트는 반응하도록 만들기 때문에 불가능하다.**

나르시시스트와의 관계는 극심한 감정의 롤러코스터에 당신을 태운다. 천국과 지옥을 오가는 경험 속에서 '내가 그때 그렇게 감정적으로 반응하지 않았더라면 상황이 달라졌을까?', '내가 좀 더 침착하게 참았더라면 그가 그렇게까지 하지는 않았을 텐데' 하고 자신을 탓했을지도 모른다. 하지만 중요한 사실은, 나르시시스트는 종종 의도적으로 감정적 반응을 유도하기 위해 끊임없이 도발한다는 것이다. 그는 당신의 약점을 건드리거나 모욕적인 말을 던지거나 부당한 행동을 함으로써 당신이 평정심을 잃고 분노하거나 눈물을 보이도록 만든다. 당신이 인내심을 발휘하여 그의 도발에 반응하지 않으면, 그는 반응을 끌어내기 위해 자극의 수위를 더욱 높인다. 결국 아무리 참고 견디려 해도 그의 집요한 자극 앞에서 언젠가는 감정적으로 반응하게 되어 있다. 그는 바로 그 순간을 이용하여 당신을 '감정적이고 불안정한 사람'으로 몰아가며 자신의 행동을 정당화한다. 따라서 반응을 자책할 필요는 없다. 그것은 당신이 약해서가 아니라 그의 끊임없는 도발과 자극 속에서 자신을 보호하기 위한 필연적인 외침이었을 가능성이 크다. 문제는 당신의 반응이 아니라 그렇게 몰아간 그의 행동에 있다.

정체가 트라우마 본딩임을 이해하는 것은, 당신을 묶고 있는 보이지 않는 사슬을 끊어내는 결정적인 첫걸음이 된다. 당신은 비이성적인 유대감으로부터 자유로워질 수 있으며, 진정한 사랑과 건강한 관계를 경험할 자격이 있다. 마음은 혼란스러울 수 있지만, 당신의 가치는 변하지 않았음을 기억해야 한다.

나르시시스트에게 소유는 곧 끝을 의미한다

그토록 힘들게 했던 이상화와 평가절하의 반복, 그 예측 불가능한 감정의 롤러코스터 뒤에는 나르시시스트의 본질적인 심리가 숨겨져 있다. 그에게 관계란 종종 '정복'의 게임과 같다. 당신이라는 '트로피'를 얻기 위해 관계 초기에 모든 매력과 에너지를 쏟아붓는다(이상화).

하지만 일단 마음을 완전히 얻어 당신을 '소유'했다고 느끼는 순간, 그 게임은 끝난 것이나 다름없다. 그에게 '소유'는 곧 흥미의 '상실'을 의미하기 때문이다. 이미 정복한 대상에게서는 더 이상 새로운 자극이나 도전을 느낄 수 없으며, 당신을 통해 자신의 우월함을 확인하려는 욕구도 충족되었기 때문이다.

따라서 당신을 평가절하하고 소홀히 대하기 시작하며 또 다른 새로운 '사냥감' 즉 새로운 나르시시즘적 공급원을 찾아 관심을 돌리게 된다. 결국 그의 사랑이 식은 것이 아니라 애초에 그의 목표는 사랑이 아닌 '정복'과 '소유'였을 가능성이 크다는 것이다. 그리고 그의 목표가 달성되는 순간 당신은 더 이상 매력적인 대상이 아니게 된다는 잔인한 진실을 이해하는 것이 필요하다.

009

점점

나를 잃어가는

느낌

나르시시스트와의 관계라는 격렬한 폭풍우 속에서 단순히 감정의 롤러코스터를 타는 것 이상의 경험을 했을 것이다. 그 관계는 감정뿐만 아니라, 당신이라는 존재 자체를 서서히 그리고 집요하게 침식해 들어왔다. 마치 해안가의 바위가 오랜 시간 파도에 깎여나가듯 당신의 자존감, 정체성 그리고 당신과 세상을 연결하던 관계까지 조금씩 마모되고 허물어져 내리는 것을 느꼈을 것이다.

어느 순간 문득 거울을 보았을 때, 그 안에 비친 모습이 낯설게 느껴지거나 예전과는 너무나 다른 사람처럼 느껴졌을지도 모른다. 활기차고 자신감 넘쳤던 모습은 온데간데없이 불안하고 위축되어 있으며, 무엇을 원하고 느끼는지조차 희미해진 당신 자신을 관찰하자.

이번 장에서는 나르시시스트와의 관계가 자아에 남긴 깊은 상처 즉 '나를 잃어가는 느낌'의 실체에 대해 이야기하고자 한다. 자존감이 어떻게 무너져 내렸는지, 당신 고유 색깔이 어떻게 희미해졌는지, 왜 그토록 깊은 고립감과 외로움 속에서 신음해야 했는지 그 과정을 자세히 들여다볼 것이다. 당신이 잃어버린 것은 관계뿐만이 아니라 바로 자신이었음을 깨닫는 것은 고통스럽지만, 동시에 진정한 회복을 위한 필수적인 과정이다.

사라진 자존감, 깊어지는 자기 의심

관계 초기, 당신은 나르시시스트의 과도한 찬사와 관심 속에서 자신이 세상 누구보다 특별하고 가치 있는 존재처럼 느껴졌을 것이다. 하지만 이상화의 시간이 지나고 평가절하의 단계가 시작되면서, 당신의 자존감은 그의 끊임없는 비난과 비판, 무시와 경멸 속에서 속수무책으로 무너져 내리기 시작했다. 그는 당신의 외모, 능력, 성격, 지성, 심지어 사소한 습관이나 말투까지 모든 것을 깎아내리고 흠집을 냈다. 그의 비판은 때로는 노골적이었고, 때로는 '조언'이나 '농담'이라는 교묘한 가면을 쓰고 마음에 파고들었다.

처음에는 그의 비판에 반발하거나 상처받았을지 모르지만, 시간이 지나면서 그의 부정적인 평가를 점차 내면화하기 시작했을 가능성이 크다. 그의 목소리는 내면의 비판자가 되어 자신을 끊임없이 검열하고 질책하게 했다. '나는 역시 부족한 사람이야', '내가 하는 일이 다 그렇지 뭐', '나는 사랑받을 자격이 없어', '나는 아무것도 제대로 할 수 없어'와 같은 파괴적인 생각이 마음을 지배하기 시작했다.

예전에는 자신 있었던 일조차 두려워지고, 작은 실수에도 크게 좌절하며, 자신을 무가치하고 쓸모없는 존재처럼 느끼게 되었다. 마치 단단했던 자아라는 조각상이 그의 망치질로 조금씩 부서져 내리고, 결국에는 형체를 알아볼 수 없을 정도로 망가져 버린 것과 같았다.

자존감의 추락과 함께 찾아온 것은 바로 깊고 만성적인 '자기 의심'이다. 그의 지속적인 가스라이팅은 당신의 기억력, 판단력, 감정, 심지어 정신 상태까지 의심하게 만들었다. 더 이상 제 생각을 신뢰할 수 없게 되었고, 어떤 결정을 내리는 데 극도의 어려움을 느끼게 되었다.

사소한 선택 앞에서조차 끊임없이 망설이고, 자신의 결정이 잘못될까 봐 두려워하며, 항상 다른 사람(특히 그)의 의견이나 확인을 구하려 했다. 자신의 감정조차 믿지 못하게 되어 분명히 불쾌하거나 부당하다고 느껴지는 상황에서도 '내가 너무 예민한 건 아닐까?', '내가 잘못 생각하는 건 아닐까?' 하고 자신을 먼저 의심하게 되었다.

깊어지는 자기 의심은 자신을 더욱 무력하게 만들고 그의 통제에 취약하게 만들었다. 스스로 판단하고 행동하는 능력을 상실한 채, 점차 그의 생각과 지시에 의존하게 되었다. 그는 이러한 취약점을 이용하여 더욱 강력하게 통제하고, 삶의 모든 영역에 개입하려 들었다.

그의 허락 없이는 아무것도 할 수 없는 사람처럼 느껴지고, 당신의 삶은 온전히 그의 손아귀에 놓인 것처럼 보였다. 사라진 자존감과 깊어진 자기 의심은 영혼에 깊은 상처를 남겼다. 또한 당신을 공허하고 불안정한 존재로 만들었다. 당신 안의 빛나던 자신감과 확신은 그의 그림자 속에서 길을 잃고 희미해져 갔던 것이다.

무엇을 좋아했고 원했는지조차 희미해진 당신

나르시시스트와의 관계 속에서 점차 자신의 색깔을 잃어버리고, 무엇을 좋아하고 무엇을 원했는지조차 희미해지는 경험을 했을 것이다. 관계 초기, 그는 당신의 취향과 가치관을 존중하고 공유하는 것처럼 보였지만, 관계가 깊어지면서 점차 자신의 취향과 기준을 강요하기 시작했다. 당신이 좋아하는 옷 스타일, 즐겨 듣는 음악, 즐겨 먹는 음식, 심지어 정치적 견해나 종교적 신념까지 그의 입맛에 맞지 않으면 비난하거나 바꾸도록 압력을 가했을 수 있다.

또한 그의 예측 불가능한 기분 변화와 비난을 피하려고, 그의 인정을 받기 위해 자신도 모르는 사이에 진정한 욕구나 선호를 억누르고, 그의 취향에 자신을 맞추어 갔을 가능성이 크다. 그가 싫어할까 봐 정말로 하고 싶었던 말을 삼키거나 그가 좋아할 만한 행동을 선택했을 것이다.

예를 들어 원래 활동적이고 사람들과 어울리는 것을 좋아했지만, 그가 당신의 친구를 비난하거나 당신이 밖에 나가는 것을 싫어했기 때문에 점차 집에만 머무는 사람으로 변했을 수 있다. 혹은 특정 분야에 대한 열정과 꿈을 가지고 있었지만, 그가 꿈을 비웃거나 지지해 주지 않았기 때문에 조용히 그 꿈을 접었을 수도 있다.

자신의 진정한 생각과 감정, 욕구를 지속적으로 억누르고 그의 기준에 맞춰 살아가는 과정에서 점차 자신이 누구인지, 무엇을 진정으로 원하고 좋아하는지를 잊어버리게 된다. 삶의 중심에는 더 이상 '나'가 존재하지 않고, 오직 '그'의 욕구와 기대만이 존재하게 된다.

일상적인 선택, 예를 들어 무엇을 먹을지, 어떤 영화를 볼지,

주말에 무엇을 할지 등 사소한 결정조차 그의 의견이나 허락 없이는 내리기 어려워진다. 당신은 마치 제 생각과 의지를 잃어버린 로봇처럼, 그의 조종에 따라 움직이는 수동적인 존재가 되어 간다.

관계가 끝난 후에 이러한 '자기 상실'의 감정은 더욱 극명하게 드러날 수 있다. 갑자기 주어진 자유와 선택의 기회 앞에서 무엇을 해야 할지, 무엇을 원하는지 몰라 당황하고 공허함을 느낄 수 있다. 오랜 시간 동안 그의 그늘에서 그의 욕망을 자신의 욕망으로 착각하며 살아왔기 때문에, 온전히 자신만의 시간과 공간이 주어졌을 때 무엇으로 채워야 할지 막막하게 느껴지는 것이다. 예전에 좋아했던 것들, 기쁘게 했던 활동들, 추구했던 가치를 다시 떠올리려 애쓰지만, 너무나 멀고 희미하게 느껴질 수 있다.

나르시시스트와의 관계는 당신의 고유한 정체성을 서서히 지워나간다. 그는 당신의 빛깔을 인정하고 존중하기는커녕, 그의 색깔로 덧칠하거나 아예 무색무취의 존재로 만들려 한다. 당신이 무엇을 좋아했고 원했는지조차 희미해졌다는 느낌은, 자아가 얼마나 심각하게 침해당하고 손상되었는지를 보여 주는 가슴 아픈 증거이다.

하지만 희망적인 것은 당신 안에 잠들어 있는 진짜 모습은 완전히 사라진 것이 아니라는 점이다. 비록 지금은 희미하게 느껴질지라도 당신 안에는 여전히 고유의 빛깔과 목소리가 존재한다. 이제 그 빛깔을 되찾고 당신의 목소리를 다시 내는 여정을 시작해야 한다.

고립감과 외로움
: 아무도 나를 이해하지 못한다

나르시시스트와의 관계는 세상으로부터 심지어 당신 자신으로부터도 철저히 고립시키는 경향이 있다. 이 고립은 단순히 물리적인 차원을 넘어 깊은 정서적 외로움과 단절감을 동반한다. 수많은 사람 속에 둘러싸여 있으면서도 혹은 바로 그의 곁에 있으면서도 그 누구에게도 이해받지 못하고 연결되지 못한다는 사무치는 외로움을 느꼈을 것이다.

나르시시스트는 의도적으로 당신을 고립시키려 한다. 당신의 친구나 가족을 비난하거나 험담하며 이간질할 수 있다. 그는 당신이 그들과 만나는 것을 노골적으로 싫어하거나 방해하고, 모든 시간과 관심을 오직 자신에게만 쏟도록 요구할 수 있다.

그는 당신의 사회적 지지망이 자신의 통제력에 위협이 된다고 생각하기 때문에 가능한 한 외부 세계로부터 차단하여 자신에게만 의존하게 만들려 한다. 당신은 그의 눈치를 보거나 갈등을 피하려고 혹은 그를 실망시키고 싶지 않은 마음에, 점차 소중했던 인간관계를 스스로 멀리하게 만들었을 것이다.

하지만 더 깊은 고립감은 이러한 외부적인 차단뿐만 아니라 내면에서 비롯된다. 당신이 겪고 있는 고통과 혼란의 실체를 다른 사람들에게 설명하기 어렵다고 느꼈을 것이다. 나르시시스트의 학대는 명백한 증거를 남기지 않는 교묘한 심리적 조종의 형태를 띠기 때문에, 당신의 이야기를 듣는 사람들은 그 심각성을 제대로 이해하지 못하거나, 심지어 당신을 의심할 수도 있다.

'네가 너무 예민한 거 아니야?', '좋은 점도 있잖아', '왜 헤어지지 않는 거야?'와 같은 반응은 깊은 좌절감과 상처를 안겨 주고, '역시 아무도 내 마음을 몰라 준다'라는 생각에 자기를 더욱 깊은 고립 속으로 밀어 넣는다.

또한 자신이 겪는 일에 대해 깊은 수치심을 느꼈을 수 있다. '내가 왜 이런 관계에 빠졌을까?', '다른 사람들이 알면 나를 어떻게 생각할까?' 하는 두려움 때문에 자신의 고통을 숨기고 아무렇지 않은 척 행동했을 수 있다. 이러한 수치심은 도움을 요청하거나 지지를 구하는 것을 가로막는 높은 벽이 된다. 혼자서 모든 고통을 감내해야 한다고 느끼며 어두운 비밀을 간직한 채 세상과 단절된 섬처럼 외롭게 표류하게 된다.

가장 고통스러운 외로움은 아이러니하게도 바로 그의 곁에 있을 때 느껴지는 외로움일 수 있다. 육체적으로는 그와 함께 있지만 정서적으로는 전혀 연결되어 있지 않음을 절감한다. 당신의 감정은 무시당하고, 생각은 존중받지 못하며, 존재 자체는 그의 필요에 의한 도구로 취급된다. 그와의 관계 속에서 진정한 친밀감이나 이해와 공감을 경험하지 못하고, 마치 텅 빈 껍데기와 함께 있는 듯한 깊은 공허함과 외로움을 느끼게 된다. 이 관계 속 외로움은 당신의 영혼을 더욱 메마르게 하고 절망에 빠뜨릴 수 있다.

나르시시스트와의 관계가 남기는 이 깊은 고립감과 외로움은 당신의 잘못이나 책임이 아니다. 그것은 그의 이기심과 통제욕 그리고 공감 능력의 부재가 만들어 낸 필연적인 결과이다. 당신은 결코 혼자가 아니며, 비슷한 경험을 하고 고통받는 사람들이 세상에는 많이 존재한다.

당신의 경험은 이해받을 수 있으며, 고통은 위로받을 자격이 있다. 당신을 옥죄던 고립의 벽을 허물고 세상으로 나아갈 용기가 필요하다. 당신의 이야기를 들어주고 지지해 줄 안전한 사람들을 찾고, 경험을 공유하며 연결될 때, 비로소 외로움의 그림자에서 벗어나 다시 세상과 따뜻하게 연결될 수 있을 것이다.

010

몸이 보내는 신호

나르시시스트와의 관계가 남긴 상처는 단순히 마음과 생각에만 머무르지 않는다. 오랫동안 지속된 극심한 정서적 스트레스와 혼란은 몸에도 깊은 흔적을 남기며, 때로는 말로 설명하기 어려운 다양한 신체적 증상으로 나타나 당신을 더욱 힘들게 했을 것이다.

어쩌면 병원을 찾아 각종 검사를 받아 보았지만 뚜렷한 원인을 찾지 못하고 '신경성'이라는 진단만 받은 채 답답함을 느꼈을지도 모른다. 그리고 이러한 신체적 고통마저 '내가 너무 예민해서 그래', '내 의지가 약해서 그래'라며 자신을 탓하고 있었을지도 모른다.

하지만 몸이 보내는 그 고통의 신호는 결코 꾀병이나 상상이 아니다. 그것은 마음이 겪고 있는 깊은 고통과 트라우마에 대한 몸의 정직하고 절박한 외침이다. 마음과 몸은 결코 분리되어 있지 않으며, 서로 긴밀하게 영향을 주고받는 하나의 유기체이다. 따라서 심리적인 고통이 극심해지면, 우리 몸은 다양한 방식으로 그 고통을 표현하고 우리에게 위험 신호를 보내게 된다.

이번 장에서는 나르시시스트와의 관계 속에서 혹은 그 이후에 경험했을 수 있는 대표적인 신체 증상을 살펴보고, 왜 마음의 고통이 이토록 몸으로 나타나는지에 대한 이유를 함께 탐색해 보고자 한다. 몸이 보내는 신호에 귀 기울이고 그 의미를 이해하는 것은, 전인적인 치유와 회복을 위한 첫걸음이 될 것이다.

원인 모를 불안, 우울감, 무기력증

관계 속에서 혹은 관계가 끝난 후, 특별한 이유 없이도 지속되는 극심한 불안감이나 깊은 우울감 그리고 아무것도 할 수 없을 것 같은 무기력증에 시달렸을 수 있다. 단순히 '기분이 좋지 않다'라는 차원을 넘어, 일상생활을 심각하게 방해하는 고통스러운 상태일 수 있다.

불안감은 끊임없이 따라다니며 괴롭힌다. 항상 최악의 상황을 상상하며 걱정하고, 사소한 일에도 쉽게 놀라거나 긴장하며, 안절부절못하고 초조해하는 자신을 발견한다. 가슴이 답답하거나 심장이 빠르게 뛰고, 숨쉬기가 곤란해지거나 손발이 저리는 등의 신체적인 증상을 동반하기도 한다.

이 불안감은 나르시시스트와의 관계 속에서 경험했던 예측 불가능성, 끊임없는 비난과 통제 그리고 버려지는 것에 대한 공포가 신경계를 만성적으로 과흥분시킨 결과일 수 있다. 몸과 마음은 관계가 끝난 후에도 여전히 잠재적인 위협에 대비하는 '경계 태세'를 풀지 못하고 있다.

우울감은 삶 전체를 검은 구름처럼 뒤덮을 수 있다. 예전에는 즐거움을 느꼈던 활동에 더 이상 흥미를 느끼지 못하고, 세상 모든 것이 무의미하고 허무하게 느껴진다. 깊은 슬픔과 절망감에 빠져 눈물이 멈추지 않거나, 아무런 감정도 느끼지 못하는 무감각 상태가 될 수도 있다. 식욕이나 수면 패턴에 급격한 변화가 생기고(과도하게 먹거나 전혀 먹지 못하고 잠을 너무 많이 자거나 전혀 자지 못하는 등), 집중력이나 기억력이 현저히 저하되기도 한다. 이러한 우울감은 관계 속에서 자존감이 철저히 파괴되고, 욕구가 지속적으로 좌절되었으며 깊은 무력감과 절망감을 학습한 결과일 수 있다.

무기력증은 몸과 마음의 에너지를 완전히 고갈시킨다. 아침에 눈을 뜨는 것조차 힘들게 느껴지고, 아주 사소한 일상적인 활동(씻기, 옷 입기, 식사하기 등)조차 버겁게 느껴질 수 있다. 어떤 일에도 의욕이 생기지 않고, 쉽게 피로감을 느끼며, 마치 몸에 무거운 납덩이를 매달고 있는 것처럼 느껴진다. 이러한 극심한 무기력증은 관계 속에서 끊임없이 그의 기분을 맞추고 그의 요구에 부응하느라 정서적, 신체적 에너지를 완전히 소진했기 때문일 수 있다. 또한 당신의 어떤 노력도 상황을 변화시킬 수 없다는 깊은 무력감을 학습하면서, 아예 모든 것을 포기해 버리는 심리적 방어기제가 작동한 결과일 수도 있다.

이러한 불안, 우울, 무기력증은 결코 의지가 약하거나 성격이 부정적이어서 생기는 것이 아니다. 당신이 겪었던 심각한 정서적 외상에 대한 지극히 정상적이고 이해할 수 있는 반응이다. 마음이 더 이상 견디기 힘든 고통을 호소하며 도움을 요청하는 신호이다. 이 신호를 무시하거나 억누르려 하지 말고, 상태를 인정하고 전문가의 도움을 포함한 적절한 지원을 찾는 것이 중요하다.

만성적인 피로와 소화 불량, 두통

정신적인 고통 외에도 병원에 가도 뚜렷한 원인을 찾기 어려운 다양한 신체 증상으로 인해 오랫동안 고통받았을 수 있다. 이러한 증상은 만성적인 스트레스와 정서적 압박감에 몸이 반응하여 나타날 가능성이 크다.

가장 흔한 증상 중 하나는 만성적인 피로감이다. 충분한 잠을 자고 휴식을 취해도 항상 피곤하고 기운이 없으며, 마치 몸에서 모든 에너지가 빠져나간 것처럼 느껴질 수 있다. 아침에 일어나기가 너무 힘들고, 낮 동안에도 집중력을 유지하기 어려우며, 저녁에는 완전히 녹초가 되어 아무것도 할 수 없게 된다. 만성 피로는 신경계가 지속적인 긴장과 각성 상태를 유지하느라 에너지를 과도하게 소모하고, 스트레스 호르몬(코르티솔 등)의 영향으로 신체 기능이 저하되었기 때문일 수 있다. 또한 우울감이나 수면 장애가 동반되는 경우 피로감은 더욱 심해질 수 있다.

소화 불량 역시 매우 흔하게 나타나는 증상이다. 자주 속이 더부룩하거나 메스꺼움을 느끼고, 음식을 조금만 먹어도 체하거나 복통, 설사, 변비 등에 시달릴 수 있다. 스트레스는 우리 몸의 자율신경계에 직접적인 영향을 미치는데, 특히 교감신경이 활성화되면 소화기관의 운동과 소화액 분비가 억제된다. 나르시시스트와의 관계 속에서 지속적인 긴장과 불안 상태에 놓여 있었다면, 소화 시스템은 제대로 기능하기 어려웠을 것이다. 이러한 만성적인 소화 불량은 삶의 질을 크게 떨어뜨리고 영양 흡수에도 문제를 일으킬 수 있다.

두통 특히 긴장성 두통이나 편두통 역시 스트레스와 밀접한 관련이 있다. 특별한 이유 없이도 머리가 자주 아프거나 특정 상황(그와의 갈등 상황)에서 두통이 심해지는 경험을 했을 수 있다. 지속적인 긴장과 불안은 목과 어깨 근육을 경직시키는데, 이것이 긴장성 두통의 주요 원인이 될 수 있다. 또한 스트레스는 뇌의 화학 물질 균형에 영향을 미쳐 편두통을 유발하거나 악화시킬 수도 있다.

이 외에도 나르시시스트와의 관계를 겪은 사람은 다양한 신체 증상을 호소할 수 있다. 예를 들어 근육통이나 관절통, 어지럼증, 심장 두근거림(심계항진), 과호흡, 피부 문제(두드러기, 여드름 악화 등), 면역력 저하로 인한 잦은 감기나 감염성 질환, 여성의 경우 생리 불순이나 생리통 악화 등을 경험할 수 있다. 이러한 증상은 각각 다른 원인에 의해 발생할 수도 있지만, 근본적으로는 만성적인 스트레스와 정서적 고통이 몸 전체의 균형을 깨뜨린 결과일 가능성이 크다.

중요한 것은 이러한 신체 증상을 단순한 '신경성' 문제로 치부하거나 무시하지 않는 것이다. 몸은 마음과 연결되어 있으며, 고통을 표현하고 주의를 촉구하고 있다. 물론 다른 의학적인 원인이 있는지 확인하기 위해 병원 진료를 받는 것도 필요하지만, 동시에 이러한 증상이 당신이 겪었던 심리적 외상과 깊은 관련이 있을 수 있음을 인식하고, 마음을 돌보는 것과 함께 몸의 신호에도 귀 기울이는 통합적인 접근이 필요하다.

심리적 고통이 신체 증상으로 나타나는 이유

어떻게 보이지 않는 마음의 고통이 이토록 뚜렷한 신체적인 증상으로 나타날 수 있는 것일까? 이것은 마음과 몸이 분리된 존재가 아니라 서로 끊임없이 소통하고 영향을 주고받는 하나의 통합된 시스템이기 때문에 가능한 일이다. 특히 우리의 감정과 스트레스 반응은 뇌와 신경계, 호르몬 시스템 그리고 면역 시스템을 통해 몸 전체에 직접적인 영향을 미친다.

위협이나 스트레스 상황에 부닥치면 우리 뇌의 편도체 Amygdala라는 부위가 위험 신호를 감지하고 자율신경계의 교감신경 Sympathetic Nervous System을 활성화시킨다. 이것이 바로 '투쟁-도피 반응 Fight-or-Flight Response'이다. 교감신경이 활성화되면 우리 몸은 아드레날린과 코르티솔과 같은 스트레스 호르몬을 분비하고 심장 박동과 호흡이 빨라지며, 근육이 긴장하고 혈압이 상승하는 등 위협에 맞서 싸우거나 도망칠 준비를 한다. 이 과정에서 소화나 면역 기능과 같이 당장 생존에 필요하지 않은 기능은 일시적으로 억제된다. 단기적인 위협 상황에서는 우리를 보호하는 매우 효과적인 생존 메커니즘이다.

하지만 문제는 나르시시스트와의 관계처럼 만성적이고 지속적인 스트레스 상황에 놓일 때 발생한다. 몸은 끊임없이 위협을 느끼고 교감신경이 과도하게 활성화된 상태인 '생존 모드'를 유지하게 된다. 스트레스 호르몬이 지속적으로 과다 분비되고, 신체는 제대로 휴식하고 회복할 기회를 얻지 못한다.

이러한 상태가 오래 지속되면 우리 몸의 여러 시스템에 과부하가 걸리고 균형이 깨지기 시작한다. 이것을 '알로스타시스 부하Allostatic Load'라고 부르는데, 만성 스트레스로 인해 몸이 닳고 마모되는 상태를 의미한다.

바로 알로스타시스 부하 상태에서 앞서 언급했던 다양한 신체 증상이 나타나게 되는 것이다. 지속적인 근육 긴장은 만성적인 통증과 두통을 유발한다. 과도한 스트레스 호르몬은 수면을 방해하고 면역 기능을 약화시키며 혈압과 혈당 조절에도 문제를 일으킬 수 있다.

교감신경의 과활성화는 소화 기능을 억제하여 각종 소화기 질환을 유발하고 심혈관계에도 부담을 줄 수 있다. 또한 뇌 기능에도 영향을 미쳐 집중력, 기억력, 감정 조절 능력 등을 저하시킬 수 있다.

더 나아가 자신의 감정 특히 분노나 슬픔과 같은 '부정적인' 감정 표현을 두려워하거나 억누를 때, 그 표현되지 못한 감정 에너지가 신체적인 증상으로 전환되어 나타날 수도 있다. '신체화Somatization'라고 부르는데, 몸은 마음이 차마 말하지 못하는 고통을 대신 이야기해 주고 있는 것일 수 있다.

예를 들어 그에게 표현하지 못한 깊은 분노는 어깨나 목의 근육 긴장으로 나타날 수 있고, 관계의 상실에 대한 슬픔은 가슴의 답답함이나 소화 불량으로 표현될 수 있다.

따라서 당신이 겪고 있는 원인 모를 신체 증상은 몸이 보내는 매우 중요한 신호이다. 그것은 마음이 깊은 고통 속에 있으며, 삶에 심각한 불균형이 존재한다는 것을 알려 주는 경고등과 같다. 이 신호를 무시하지 말고, 심리적 고통과 신체적 증상 사이의 연결고리를 이해하려는 노력이 필요하다. 마음을 돌보고 정서적 상처를 치유해 나가는 과정은, 동시에 몸이 다시 건강한 균형을 되찾고 활력을 회복하는 과정이 될 것이다. 몸과 마음은 함께 치유되어야 할 소중한 자신 그 자체이다.

011

끝나도
끝나지 않은
이야기

{ 관계 후유증 }

길고 어두웠던 터널 같았던 관계가 마침내 끝났다. 그(녀)에게서 벗어났고 더 이상 그의 직접적인 통제와 학대 아래 놓여 있지 않다. 어쩌면 주변 사람들은 "이제 다 끝났으니 잊어버리고 새출발 하라"고 쉽게 말할지도 모른다.

하지만 당신의 마음속 이야기는 아직 끝나지 않았음을 스스로 너무나 잘 알고 있을 것이다. 관계라는 폭풍우는 지나갔지만, 그 폭풍우가 남긴 폐허 속에서 여전히 길을 잃고 헤매고 있을 수 있다. 그의 존재는 물리적으로 사라졌지만, 그의 그림자는 마음속에 깊이 드리워져 끊임없이 괴롭히고 있을지도 모른다.

나르시시스트와의 관계는 단순한 이별의 아픔과는 차원이 다른, 깊고 복합적인 후유증을 남긴다. 그것은 마치 전쟁이나 재난을 겪은 후에 나타나는 외상 후 스트레스와 유사한 형태를 띠기도 한다. 관계 속에서 경험했던 혼란과 고통은 관계가 끝난 후에도 오랫동안 당신의 생각과 감정, 행동에 영향을 미친다.

이번 장에서는 관계가 끝난 후에도 당신을 놓아주지 않는 그 끝나지 않은 이야기, 관계 후유증의 구체적인 모습을 살펴보고자 한다. 당신이 겪고 있는 어려움이 결코 혼자만의 문제가 아니며, 지극히 정상적인 반응임을 이해하는 것은 당신의 고통을 덜어 주고 회복으로 나아가는 데 위안과 힘이 될 것이다.

그가 떠난 후에도 계속되는 혼란과 자책

관계가 끝났음에도 불구하고 머릿속은 여전히 그와의 기억으로 가득 차 있을 수 있다. 특히 관계 초기의 황홀했던 순간과 그가 보여 주었던 이상적인 모습, 관계 후반부의 잔인했던 학대와 배신의 기억이 끊임없이 교차하며 극심한 혼란 속으로 몰아넣는다.

'그 사람은 대체 어떤 사람이었을까?', '그가 나에게 했던 말은 어디까지가 진실이고 어디까지가 거짓이었을까?', '그는 정말 나를 사랑했던 순간이 있었을까?'와 같은 질문이 꼬리에 꼬리를 물고 괴롭힌다. 좋았던 기억과 나빴던 기억 사이에서 길을 잃고, 그 관계의 실체를 명확히 규정하지 못한 채 인지 부조화의 고통 속에서 헤어 나오지 못할 수 있다.

이러한 혼란 속에서 문제의 원인을 다시 자신에게 돌리며 끊임없이 자책하게 된다. '내가 그때 그렇게 행동하지 않았더라면 결과가 달라졌을까?', '내가 좀 더 현명했더라면 그에게 속지 않았을 텐데', '내가 부족했기 때문에 그가 나를 떠나거나 나를 학대한 거야', '결국 이 모든 것은 내 잘못이야'와 같은 생각에 사로잡힌다.

관계 속에서 그에게 주입받았던 자기 비난의 목소리는 관계가 끝난 후에도 여전히 내면에서 울려 퍼지며 괴롭힌다. 마치 망가진 녹음기처럼 과거의 특정 장면이나 대화를 반복해서 되감아보며 '만약에…'라는 부질없는 가정을 되풀이하고, 자신을 상처 입히는 생각의 감옥에 갇히게 된다. 이것을 '반추 Rumination'라고 하는데, 이는 우울증이나 불안장애의 흔한 증상이기도 하다.

왜 관계가 끝난 후에도 이러한 혼란과 자책이 계속되는 것일까?

첫째, 나르시시스트의 조종과 가스라이팅이 현실 감각과 자기 신뢰를 너무나 심각하게 훼손했기 때문이다. 더 이상 자신의 판단을 믿기 어려워졌고, 무엇이 진실인지 스스로 규명할 힘을 잃어버렸을 수 있다.

둘째, 여전히 관계 초기의 강렬했던 '러브 바밍'의 기억과 그가 심어 놓은 '소울메이트'라는 환상에서 완전히 벗어나지 못했을 수 있다. 이성은 그 관계가 잘못되었다는 것을 알지만, 감정은 여전히 과거의 좋았던 순간을 그리워하며 그를 이상화하고 있을 수 있다.

셋째, 관계의 갑작스러운 종결이나 예상치 못한 배신으로 인해 깊은 충격과 상실감을 경험했고, 이 트라우마를 제대로 처리하고 애도할 시간을 갖지 못했을 수 있다. 해결되지 않은 감정은 혼란과 자책의 형태로 계속해서 마음을 붙잡고 놓아주지 않는 것이다.

그가 떠난 후에도 계속되는 혼란과 자책은 당신이 약하거나 어리석어서가 아니다. 이것은 그동안 겪었던 심리적 외상의 자연스러운 후유증이다. 더 이상 과거의 기억 속에서 길을 잃고 자신을 괴롭힐 필요가 없다.

당신이 겪었던 일의 실체를 객관적으로 인식하고, 그의 행동에 대한 책임을 온전히 그에게 돌려주며, 자신을 향한 비난을 멈추는 것이 중요하다. 혼란스러운 마음을 이해해 주고 지지해 줄 수 있는 안전한 사람들과 이야기하거나 전문가의 도움을 받는 것이 이 과정을 헤쳐 나가는 데 큰 힘이 될 수 있다.

사소한 일에도 쉽게 놀라고 불안해지는 마음

나르시시스트와의 관계를 겪은 후 이전과는 달리 아주 사소한 자극에도 깜짝 놀라거나 극심한 불안감을 느끼는 자신을 발견했을 수 있다.

예를 들어 갑자기 큰 소리가 나거나 누군가 예고 없이 등 뒤에서 나타났을 때 심장이 내려앉는 듯한 충격을 받기도 한다. 낯선 사람의 시선이나 말투에도 쉽게 위협을 느끼고 경계심을 품을 수 있다. 잠을 자다가도 작은 소리에 깨거나 악몽에 시달리고, 특별한 이유 없이도 항상 초조하고 긴장된 상태를 유지하며 편안하게 휴식을 취하기 어려울 수 있다.

이러한 증상은 신경계가 나르시시스트와의 관계 속에서 경험했던 지속적인 스트레스와 예측 불가능한 위협 상황에 대한 반응으로, 과도하게 각성되어 있어서 나타나는 현상이다. 이것은 '복합 외상 후 스트레스 장애 Complex PTSD, C-PTSD'의 증상과 관련이 있다. C-PTSD는 하나의 충격적인 사건으로 인해 발생하는 일반적인 PTSD와 달리, 장기간에 걸쳐 반복적인 대인 관계 트라우마(가정 폭력, 아동 학대, 정서적 학대 관계 등)로 인해 발생하는 경우가 많다.

나르시시스트와의 관계는 지속적인 정서적 불안정과 예측

불가능한 위험 상황을 제공했기 때문에, 당신의 뇌와 신경계는 항상 위험을 감지하고 대비해야 하는 '생존 모드'로 고착되었을 수 있다.

생존 모드는 과잉 경계Hypervigilance 상태로 만든다. 감각은 극도로 예민해져서 주변 환경의 미세한 변화나 잠재적인 위협 신호를 끊임없이 탐색하게 된다. 다른 사람들의 표정이나 말투, 행동의 숨겨진 의도를 과도하게 해석하려 하고, 최악의 상황을 상상하며 미리 대비하려 한다. 이러한 과잉 경계는 끊임없는 불안과 긴장 상태로 몰아넣고 엄청난 심리적 에너지를 소모시킨다.

또한 과장된 놀람 반응Exaggerated Startle Response을 보일 수 있다. 예상치 못한 소리나 움직임에 대해 일반적인 수준보다 훨씬 더 크게 놀라고 심장이 뛰며 몸이 경직되는 반응을 보이는 것이다. 이것은 뇌가 잠재적인 위험에 대해 즉각적으로 반응하도록 프로그래밍이 되었기 때문이다. 때때로 과거의 학대 경험과 관련된 기억이나 감정이 갑자기 떠오르는 침투적 사고Intrusive Thoughts나 플래시백Flashbacks을 경험할 수도 있다. 이러한 경험은 다시 과거의 트라우마 속으로 끌어들이는 듯한 고통과 공포를 유발할 수 있다.

사소한 일에도 쉽게 놀라고 불안해지는 마음은 결코 유난히

겁이 많거나 예민해서가 아니다. 이것은 당신이 겪었던 관계가 신경계에 얼마나 깊은 상처를 남겼는지를 보여 주는 명백한 증거이다. 몸과 마음은 여전히 과거의 위협으로부터 당신을 보호하기 위해 필사적으로 노력하고 있다. 그래서 증상을 이해하고 받아들이는 것이 중요하다.

또한 안전한 환경 속에서 충분한 시간과 적절한 도움(심리상담, 트라우마 치료)을 통해 과도하게 각성한 신경계를 진정시키고 다시 안정감을 찾아갈 수 있다. 몸이 보내는 신호에 귀 기울이고, 자신을 부드럽게 돌보는 것이 필요하다.

사람을 믿기 어려워진 당신

나르시시스트와의 관계에서 경험한 가장 깊고 오래가는 상처 중 하나는 바로 '신뢰의 파괴'일 것이다. 한때 진심으로 사랑하고 믿었던 사람에게 철저히 배신당하고 이용당했기 때문에, 다시 누군가를, 때로는 자신조차 온전히 믿는 것이 극도로 어렵게 느껴질 수 있다. 관계가 끝난 후 마음속에는 사람과 세상에 대한 깊은 불신과 회의감이 자리 잡았을 가능성이 크다.

가장 먼저 손상된 것은 아마도 '자기 자신에 대한 신뢰'일

것이다. 그의 끊임없는 가스라이팅과 평가절하는 판단력, 기억력, 감정, 가치관을 송두리째 흔들어 놓았다. '내가 사람 보는 눈이 이렇게 없었나?', '나는 왜 그토록 오랫동안 속고 있었을까?', '내 감정이나 직관은 믿을 만한 것이 못 되나?'와 같은 생각에 사로잡혀 자신을 더 이상 신뢰하기 어려워졌다.

새로운 사람을 만나거나 중요한 결정을 내려야 할 때, 자신의 판단을 믿지 못하고 끊임없이 의심하며 불안해할 수 있다. 이러한 자기 불신은 새로운 관계를 맺거나 삶의 발걸음을 내딛는 것을 가로막는 큰 걸림돌이 될 수 있다.

동시에 '타인에 대한 신뢰' 역시 심각하게 훼손되었다. 가장 친밀해야 할 관계에서 깊은 배신과 상처를 경험했기 때문에, 다른 사람들 역시 당신을 해치거나 이용할지 모른다는 두려움을 품게 되었을 수 있다. 새로운 사람을 만날 때 극도로 경계하며 상대방의 숨겨진 의도를 파악하려 애쓰고, 작은 호의나 친절에도 쉽게 마음을 열지 못할 수 있다.

다른 사람들이 보여 주는 긍정적인 모습 이면에 또 다른 가면이 숨겨져 있는 것은 아닐까 의심하고, 진정한 관계를 맺는 것 자체에 대해 깊은 회의감을 느낄 수 있다. 특히 연애 관계에 대해서는 더욱 큰 두려움과 불신을 가질 수 있다. '또다시 나르시시스트 같은 사람을 만나면 어떡하지?', '나는 건강한 관계를 맺을 자격이 없는 걸까?' 하는 불안감 때문에 새로운 사람에게 마음을 여는 것을 극도로 주저할 수 있다.

사람을 믿기 어려워진 마음은 당신을 보호하기 위한 자연스러운 방어기제일 수 있다. 당신의 마음은 다시는 같은 상처를 받지 않기 위해 단단한 벽을 쌓고 자신을 지키려 하는 것이다. 하지만 이러한 불신과 경계심이 지나치게 오래 지속되면, 결국 진정한 친밀감과 연결을 경험하지 못하고 또 다른 형태의 고립과 외로움에 갇히게 될 위험이 있다.

신뢰의 회복은 결코 쉽거나 빠른 과정이 아니다. 그것은 자신과 타인에 대한 믿음을 조금씩 다시 쌓아 나가는 점진적이고 용기 있는 과정이다. 가장 먼저 필요한 것은 자신의 감정과 직관을 다시 신뢰하는 법을 배우는 것이다. 당신이 겪었던 경험과 그로 인해 느꼈던 감정은 모두 타당하며, 당신 안에는 여전히 무엇이 옳은지 그른지, 누가 안전하고 위험한지를 분별할 수 있는 지혜가 존재한다.

또한 모든 사람이 나르시시스트는 아니며 세상에는 진실하고 건강한 관계를 맺을 수 있는 사람이 존재한다는 사실을 기억하는 것이 중요하다. 물론 새로운 관계를 맺을 때는 신중해야 하지만, 과거의 상처 때문에 모든 가능성을 차단할 필요는 없다.

시간을 가지고 천천히, 안전하다고 느껴지는 사람과의 관계 속에서 신뢰를 다시 연습하고 확장해 나갈 수 있다. 상처 입은 마음은 치유될 수 있으며 다시 사람을 믿고 사랑하는 기쁨을 누릴 자격이 있다.

PART

04

안개 속에서
빠져나오다

{ 자신을 되찾는 과정 }

지금까지 깊은 혼란과 고통 속에 가두었던 관계의 폭풍우, 그 중심에 있는 나르시시스트의 작동 방식과 그로 인해 겪어야 했던 내면의 상처를 깊이 탐색해 보았다. 어둡고 긴 터널을 통과하는 듯한 시간이었을 것이다.

당신이 겪었던 일의 실체를 이해하는 과정은 때로는 고통스럽고 힘들겠지만, 동시에 자신을 옭아매던 보이지 않는 사슬의 정체를 깨닫는 과정이기도 했다. 이제 그 이해를 바탕으로 마침내 자신을 뒤덮고 있던 짙은 안개를 걷어내고 자신을 되찾는 과정을 시작하려 한다.

4부에서는 관계의 후유증에서 벗어나 다시 온전한 '나'로 바로 서기 위해 필요한 구체적이고 실질적인 방법을 이야기할 것이다. 더 이상 과거의 상처에 휘둘리지 않고, 삶의 주도권을 되찾으며 건강하고 행복한 미래를 만들어 나가기 위한 과정이다. 이 과정은 용기와 인내, 무엇보다 자신을 향한 깊은 연민과 사랑을 요구할 것이다.

당신은 혼자가 아니다. 당신 안에는 이 모든 어려움을 극복하고 다시 빛나는 힘이 존재한다. 이제 안개 속에서 빠져나와 자신의 길을 찾아 나설 시간이다.

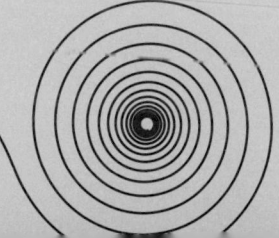

012

진실을

마주할 용기

회복과 치유의 과정에서 가장 중요하고도 어려운 첫걸음은 바로 '진실을 마주하는 용기'를 내는 것이다. 오랫동안 괴롭혔던 혼란과 자기 의심의 안개를 걷어 내고, 겪었던 관계의 실체를 있는 그대로 바라보고 인정하는 것. 이것은 마치 오랫동안 외면해 왔던 깊은 상처를 정면으로 마주하는 것처럼 두렵고 고통스러운 일일 수 있다.

어쩌면 여전히 과거의 좋았던 기억에 미련을 두거나 그의 행동을 합리화하며 현실을 부정하고 싶을지도 모른다. 혹은 진실을 마주했을 때 겪게 될 더 큰 고통이나 절망감이 두려워 차마 진실의 문을 열지 못하고 있을 수도 있다.

하지만 진정으로 과거의 상처에서 벗어나 자유로워지기를 원한다면, 용기 있는 첫걸음은 꼭 필요하다. 진실을 외면하는 한, 영원히 과거의 그림자에 갇혀 앞으로 나아갈 수 없기 때문이다. 이번 장에서는 진실을 마주하고 받아들이는 과정을 돕기 위한 세 가지 측면에 대해 이야기할 것이다.

'내가 겪은 일이 바로 이것이었구나'를 깨닫는 순간

어느 날 문득, 겪었던 관계의 실체를 명확하게 깨닫는 순간을 맞이할 수 있다. 이 책을 읽다가, 우연히 접한 전문가의 강연이나 비슷한 경험을 한 사람의 이야기를 듣다가 찾아올 수도 있다. 또는 어떤 특정 사건이나 그의 결정적인 행동이 계기가 되어 마치 퍼즐 조각이 한순간에 맞춰지듯 혼란스러웠던 경험 전체가 하나의 그림으로 이해되는 순간일 수도 있다.

'아, 내가 겪었던 것이 바로 나르시시즘적 학대였구나', '그 사람의 행동이 전형적인 나르시시스트의 패턴이었어', '그래서 내가 그토록 혼란스럽고 고통스러웠던 거구나' 이러한 깨달음의 순간은 마치 벼락을 맞은 듯한 충격과 함께, 동시에 오랫동안 갇혀 있던 어둠 속에서 한 줄기 빛을 발견한 듯한 강렬한 경험을 선사할 수 있다.

'아하! 순간 Aha! Moment'은 매우 중요하며, 회복 과정의 결정적인 전환점이 된다. 비로소 당신을 괴롭혔던 수많은 의문과 혼란에 이름을 붙이고 그 의미를 해석할 수 있게 된다. 더 이상 감정이나 기억을 의심할 필요가 없으며, 당신이 겪었던 고통이 결코 당신의 잘못이나 상상 속의 문제가 아니었음을 명확히 확인하게 된다.

이 깨달음은 엄청난 해방감과 동시에 깊은 슬픔과 분노를 느끼게 만들 수도 있다. 그동안 얼마나 심각한 조종과 학대 속에서 고통받아 왔는지, 얼마나 많은 시간과 에너지를 헛되이 소모했는지를 깨닫게 되면서 밀려오는 상실감과 억울함 때문이다. 또한 그토록 사랑하고 믿었던 사람이 사실은 당신을 기만하고 이용했다는 진실을 마주하는 것은 매우 고통스러운 일일 수 있다.

이러한 복합적인 감정을 느끼는 것은 지극히 정상적이다. 중요한 것은 이 깨달음의 순간을 회피하거나 부정하지 않고, 그 의미를 온전히 받아들이는 것이다. 당신이 겪었던 경험에 '나르시시즘적 학대'라는 이름을 붙이는 것은, 일어난 일을 객관화하고 고통을 정당화하는 힘을 준다. 더 이상 혼란 속에서 길을 잃고 헤매는 대신 경험을 설명하고 이해할 수 있는 틀을 갖게 되는 것이다.

이 깨달음은 과거의 희생자로 머물게 하는 것이 아니라 오히려 상황을 정확히 인식하고 주체적으로 회복의 과정을 시작할 수 있도록 힘을 실어 주는 첫걸음이다. 당신은 진실을 알게 되었고, 이제 그 진실 위에서 새로운 삶을 설계할 가능성을 얻게 된 것이다.

상황을 객관적으로 바라보기 위한 노력

'내가 겪은 일이 나르시시즘적 학대였구나'라고 깨닫는 것만으로는 충분하지 않다. 마음은 여전히 과거의 감정적인 파도 속에서 흔들리고 있으며, 교묘한 가스라이팅의 영향으로 인해 상황을 객관적으로 바라보는 데 어려움을 겪을 수 있다.

따라서 경험을 명확히 이해하고 진실을 온전히 받아들이기 위해서는 의식적으로 상황을 객관적으로 바라보려는 노력이 필요하다. 이것은 감정적인 혼란 속에서 이성적인 시각을 회복하고 경험을 제3자로서 냉철하게 분석하는 과정이다.

상황을 객관적으로 바라보기 위한 첫 번째 노력은 '기록하기'이다. 관계 속에서 경험했던 구체적인 사건, 그가 했던 말과 행동, 그 당시 느꼈던 감정을 가능한 한 상세하게 적어 보는 것이다. 인간의 기억은 시간이 지나면서 왜곡되거나 희미해지기 쉽다. 특히 가스라이팅을 경험하면 자신의 기억을 더욱 신뢰하기 어렵다. 따라서 기록은 경험을 구체적인 사실로 남기고, 나중에 다시 돌아보며 패턴을 파악하는 데 매우 유용한 도구가 된다. 기록을 통해 그가 얼마나 자주 말을 바꾸고 약속을 어겼는지, 그의 비난과 평가절하가 얼마나 지속적이었는지, 당신의 감정이 얼마나 일관되게 무시당했는지를 객관적으로 확인할 수 있다. 당신이 겪었던 일이 결코 착각이나 과장이 아니었음을 자신에게 증명하는 과정이 될 것이다.

두 번째 노력은 '배우고 공부하기'이다. 나르시시즘적 학대의 특징, 나르시시스트의 심리, 그가 사용하는 조종 기술, 학대 관계가 피해자에게 미치는 영향 등에 대해 신뢰할 수 있는 자료(책, 전문가 강연, 관련 웹사이트 등)를 통해 배우는 것이다. 개인적인 경험을 이러한 객관적인 정보의 틀 안에서 이해하게 될 때, 당신의 경험이 결코 혼자만의 특수한 사례가 아니라 예측할 수 있고, 설명할 수 있는 패턴의 일부였음을 깨닫게 된다. 이것은 혼란을 줄여 주고, 겪었던 일에 대해 보다 명확하고 체계적인 이해를 갖도록 도와준다. 또한 다른 생존자의 이야기를 읽거나 듣는 것도 큰 도움이 될 수 있다. 그의 경험 속에서 자기 모습을 보고 깊은 공감과 위로를 얻을 수 있으며, 혼자가 아니라는 사실을 확인하게 될 것이다.

세 번째 노력은 '외부의 도움 구하기'이다. 혼자서 상황을 객관적으로 바라보는 것이 어렵다고 느껴진다면, 신뢰할 수 있는 친구나 가족, 심리 상담 전문가와 경험을 이야기하는 것이 큰 도움이 될 수 있다. 특히 심리 상담 전문가는 당신의 이야기를 비판단적인 태도로 경청해 주고, 감정을 공감해 주며, 상황을 객관적으로 인식하고 건강하게 대처해 나갈 수 있도록 전문적인 지침과 지지를 제공해 줄 수 있다. 객관적인 제3자의 시각은 감정적인 안개 속에서 보지 못했던 것을 명확하게 볼 수 있도록 도와주고, 왜곡된 생각이나 믿음을 교정하는 데 도움을 줄 수 있다.

상황을 객관적으로 바라보려는 이러한 노력은 감정적인 혼란에서 벗어나 이성적인 판단력을 회복하고, 관계의 실체를 명확하게 인식하는 데 필수적이다. 더 이상 과거의 상처에 휘둘리지 않고, 현실에 기반하여 삶을 재건해 나갈 수 있는 단단한 토대를 마련해 줄 것이다.

더 이상 당신 탓이 아니라는 것을 받아들이기

진실을 마주하고 상황을 객관적으로 바라보려는 노력을 통해 머리로는 '이 모든 것이 내 탓이 아니었다'라는 것을 이해하기 시작했을 것이다. 그의 행동은 그 사람의 문제였고, 당신은 학대의 피해자였을 뿐이라는 사실을 말이다. 하지만 이 지적인 이해를 넘어서, 마음 깊은 곳에서 진정으로 '내 탓이 아니다'라고 받아들이는 것은 또 다른 차원의 과제이며, 상당한 시간과 노력이 필요할 수 있다. 오랫동안 내면을 지배해 왔던 자기 비난의 목소리는 생각처럼 쉽게 사라지지 않기 때문이다.

'내 탓이 아니다'라는 것을 진심으로 받아들이기 위해서는, 먼저 그의 행동에 대한 책임을 온전히 그에게 돌려주는 연습이 필요하다. 더 이상 그의 행동을 합리화하거나 변명해 줄 필요가 없다. 그의 비난, 그의 분노, 그의 거짓말, 그의 배신은 모두 그 사람의 선택이었고 책임이다. 아무리 노력했더라도 그의 행동을 바꿀 수는 없었을 것이다. 왜냐하면 그의 문제는 당신과의 관계에서 비롯된 것이 아니라, 그의 내면에 깊이 뿌리박힌 성격적인 문제인 나르시시즘 자체에서 비롯된 것이기 때문이다. 당신은 그의 문제를 해결해 줄 수도 없고, 그럴 책임도 없다. 그의 짐을 당신 어깨에서 내려놓는 것이 중요하다.

다음으로 자신을 향한 연민과 용서가 필요하다. 그동안 너무나 오랫동안 자신을 탓하고 비난하며 살아왔다. 이제는 그 혹독한 자기비판을 멈추고, 상처 입고 지친 자신을 따뜻하게 보듬어 안아 줄 시간이다. 어려운 상황 속에서 최선을 다해 살아남으려 노력했다. 때로는 실수하거나 잘못된 판단을 내렸을 수도 있지만, 그것은 당신이 부족하거나 나쁜 사람이어서가 아니라, 교묘한 심리 조종과 학대 상황 속에서 어쩔 수 없는 선택이었을 수 있다. 과거의 선택을 현재의 관점에서 비난하는 대신 그때 얼마나 힘들고 혼란스러웠을지를 이해해 주자. '그런

데도 잘 버텨왔다'라고 자신을 다독여 주는 연민의 마음이 필요하다. 자신을 용서하는 것은 자신을 과거의 실수에 묶어 두는 죄책감의 사슬에서 벗어나게 해 줄 것이다.

마지막으로 '내 탓이 아니다'라는 메시지를 끊임없이 자신에게 되뇌고 확인하는 것이 중요하다. 마음속에는 여전히 '혹시 내 잘못은 아닐까?' 하는 의심의 목소리가 불쑥불쑥 고개를 들 수 있다. 그럴 때마다 의식적으로 그 목소리에 반박하고, '아니야, 이건 내 탓이 아니었어. 그의 행동은 그의 문제였고, 나는 그저 피해자였을 뿐이야. 나는 충분히 괜찮은 사람이고, 더 나은 대우를 받을 자격이 있어'라고 자신에게 상기시켜 주어야 한다. 이 메시지를 반복적으로 내면화하는 과정은 손상된 자존감을 회복시키고, 자기 안에 건강하고 긍정적인 자기 인식을 다시 심어 주는 데 도움이 될 것이다.

더 이상 자신의 탓이 아니라는 것을 진심으로 받아들이는 것은 오랫동안 짓눌러왔던 무거운 죄책감과 수치심의 짐을 내려놓고, 비로소 자신을 온전히 긍정하고 사랑할 수 있게 되는 해방의 순간이다. 이것은 과거의 상처로부터 자유로워지고, 당신의 삶을 의지대로 다시 써 내려갈 수 있는 힘을 되찾는 과정의 핵심이다. 더 이상 과거의 희생자가 아니라 삶의 주체적인 창조자로서 당당하게 살아갈 권리가 있다.

경계선을 다시 긋다

{ '아니오' 말하기 연습 }

진실을 마주할 용기를 내어 겪었던 관계의 실체를 깨닫고, 더 이상 당신의 탓이 아니라는 것을 받아들이기 시작했다면, 이제 회복을 향한 다음 단계로 나아갈 준비가 된 것이다. 그것은 바로 자신을 보호하고 삶의 주도권을 되찾기 위해 '경계선 Boundary'을 다시 설정하고 지켜 나가는 과정이다.

나르시시스트와의 관계 속에서 당신의 경계선은 아마도 무참히 짓밟히고 허물어져 있었을 것이다. 그는 당신의 시간, 감정, 생각, 심지어 몸과 사적인 공간까지 자신의 것인 양 침범하고 통제하려 했을 것이다. 그의 요구에 부응하고 갈등을 피하고자, 사랑이라는 이름 아래 자신의 경계선을 스스로 포기하거나 양보했을지도 모른다.

하지만 건강한 삶과 관계를 위해서는 명확하고 견고한 경계선이 꼭 필요하다. 경계선은 자신이 누구이며 무엇을 용납할 수 있고 없는지를 규정하는 자신만의 울타리이자 존엄성과 안녕을 지키는 방패이다. 무너진 경계선을 다시 세우고 '아니오'

라고 말하는 법을 배우는 것은, 나르시시스트의 영향력에서 벗어나 자신의 자율성을 회복하고, 자신을 존중하며 사랑하는 법을 다시 배우는 핵심적인 과정이다.

이번 장에서는 나르시시스트와의 관계를 정리하고 건강한 경계를 설정하는 데 필요한 구체적인 방법인 관계 끊어내기No Contact, 최소 접촉Low Contact, 일상에서 건강한 경계를 설정하고 지켜 나가는 연습에 대해 자세히 알아볼 것이다. 다시는 당신의 경계가 침범당하도록 허용하지 않겠다는 강력한 자기 선언이 될 것이다.

나르시시스트와의 관계 끊어내기
: 노 컨택트

나르시시스트와의 파괴적인 관계에서 벗어나 온전히 회복하기 위한 가장 효과적이고 강력하게 권고되는 방법은 바로 '노 컨택트No Contact'로, 모든 접촉을 완전히 차단하는 것이다. 단순히 그와 말다툼을 피하거나 거리를 두는 소극적인 태도를 의미하는 것이 아니다. 삶에서 그의 존재와 영향력을 완전히 제거하기 위한 의식적이고 단호한 결정이자 행동이다.

노 컨택트를 실행한다는 것은 다음과 같은 구체적인 행동을 포함한다.

1. 모든 연락 수단 차단 : 전화번호, 문자 메시지, 메신저, 이메일 등 그와 직접적으로 연락할 수 있는 모든 수단을 차단한다. 소셜 미디어(페이스북, 인스타그램 등)에서도 그를 차단하고 친구 관계를 끊는다. 그의 계정을 염탐하거나 소식을 궁금해하는 행동도 중단해야 한다.

2. 물리적 접촉 회피 : 그가 자주 가는 장소나 우연히 마주칠 가능성이 있는 곳을 피한다. 가능하다면 이사나 이직을 고려하는 것도 방법이 될 수 있다.

3. 공통 지인과의 접촉 제한 : 그와 당신 모두를 아는 친구나 지인과의 관계를 재고해야 한다. 그가 의도치 않게 그의 소식을 전달하거나 당신의 소식을 그에게 전달하는 통로가 될 수 있기 때문이다. 때로는 그가 접근하기 위해 공통 지인을 이용할 수도 있다. 당신의 상황을 이해하고 결정을 지지해 주는 사람이 아니라면 당분간 거리를 두는 것이 필요할 수 있다.

4. 그와 관련된 모든 것 제거 : 그의 사진, 선물, 편지 등 그를 떠올리게 하는 모든 물건을 시야와 공간에서 제거한다. 이러한 물건은 감정을 자극하고 과거의 기억에 얽매이게 할 수 있다.

노 컨택트가 왜 그토록 중요하고 효과적인 전략일까?

첫째, 노 컨택트는 지속적인 학대와 조종의 고리를 완전히 끊어낸다. 그와의 접촉이 계속되는 한, 그는 어떻게든 당신에게 영향을 미치고 다시 자신의 통제 아래 두려 할 가능성이 크다. 그의 사과나 변명, 협박이나 회유에 또다시 흔들리고 상처받을 수 있다. 노 컨택트는 이러한 악순환의 가능성을 원천적으로 차단한다.

둘째, 노 컨택트는 트라우마 본딩을 약화시키는 데 필수적이다. 당신을 묶고 있던 비이성적인 정서적 유대감은 그와의 접촉이 차단될 때 비로소 서서히 힘을 잃기 시작한다. 그의 영향력에서 벗어나 자신의 감정과 생각을 명확하게 인식하고 정리할 시간을 가질 수 있다.

셋째, 노 컨택트는 온전히 자신에게 집중하고 회복에 필요한 공간과 시간을 확보하게 해 준다. 더 이상 그의 감정이나 행동에 에너지를 소모하지 않고, 자신의 상처를 돌보고 삶을 재건하는 데 온전히 집중할 수 있다.

하지만 노 컨택트를 결심하고 실행하는 것은 결코 쉬운 일이 아니다. 어쩌면 그를 완전히 차단하는 것에 대해 깊은 죄책감이나 불안감을 느낄 수 있다. 그가 보복하거나 당신을 찾아올까 봐 두려움을 느낄 수도 있다. 또한 트라우마 본딩으로 인해 그를 그리워하거나 그의 소식을 궁금해하는 금단 증상에 시달릴 수도 있다. 그리고 그는 당신을 다시 관계 속으로 끌어들이기 위해 '후버링 Hoovering'이라고 불리는 다양한 시도(갑작스러운 연락, 선물 공세, 위기 상황 연출, 주변 사람 이용 등)를 할 가능성도 있다.

따라서 노 컨택트를 성공적으로 유지하기 위해서는 강한 의지와 더불어 주변의 지지, 예상되는 어려움에 대한 철저한 대비가 필요하다. 당신의 결정을 지지해 주는 친구나 가족에게 도움을 요청하고, 후버링 시도에 어떻게 대처할지 미리 계획을 세우며, 감정이 흔들릴 때마다 노 컨택트가 자신을 위한 최선의 선택임을 자신에게 상기시키는 것이 중요하다. 노 컨택트는 잔인한 결정이 아니라 생존과 행복을 위한 가장 용기 있고 현명한 자기 보호의 행동이다.

어쩔 수 없이 관계를 유지해야 한다면
: 로우 컨택트

노 컨택트가 가장 이상적인 방법이지만, 현실적으로 모든 접촉을 완전히 차단하는 것이 불가능한 상황도 분명히 존재한다. 예를 들어 그와 공동으로 자녀를 양육해야 하는 경우, 같은 직장에서 계속 근무해야 하는 경우, 피할 수 없는 가족 관계(부모, 형제자매)라면 어쩔 수 없이 최소한의 관계를 유지해야 할 수도 있다. 이러한 상황에서 자신을 보호하기 위한 전략이 바로 '로우 컨택트Low Contact'인 최소 접촉이다.

로우 컨택트의 목표는 그와의 상호작용을 업무적이거나 필수적인 수준으로 최소화하고, 그 과정에서 정서적인 교류나 반응을 가능한 한 차단하는 것이다. 더 이상 그와는 친구나 연인처럼 개인적인 감정을 나누거나 사적인 대화를 하지 않는다. 오직 피할 수 없는 공적인 사안(자녀 양육 스케줄 조정, 업무 관련 협의)에 대해서만 필요한 최소한의 정보만을 교환한다.

로우 컨택트를 효과적으로 실행하기 위한 핵심 전략 중 하나는 '회색 바위 되기Gray Rock Method'이다. 회색 바위는 주변 환경에 섞여 눈에 띄지 않고 아무런 반응도 보이지 않으며 매우 지루하고 재미없는 존재이다. 그의 앞에서 마치 이 회색 바위처럼 행동하는 것이다. 그의 말이나 행동에 감정적으로 반응하지 않고 가능한 한 단답형으로 짧고 사실적으로만 대답하며, 당신의 개인적인 생각이나 감정을 드러내지 않는다. 그는 더 이상 자신이 원하는 '나르시시즘적 공급(찬사, 통제, 에너지, 드라마틱한 반응 등)'을 얻을 수 없다는 것을 깨닫고 점차 당신에게서 흥미를 잃게 만드는 것이 목표이다.

로우 컨택트 상황에서의 구체적인 의사소통 지침은 다음과 같다.

1. 상호작용 최소화 : 가능한 한 직접적인 대면 접촉을 피하고, 이메일이나 문자 메시지 등 기록이 남고 감정적인 개입이 덜한 방식으로 소통한다. 전화 통화나 대면 대화가 불가피하다면, 시간을 정해 놓고 용건만 간단히 처리한다.

2. 주제 제한 : 오직 공적이고 필수적인 주제(아이 문제, 업무)에 대해서만 이야기한다. 그의 개인적인 질문이나 과거 관계에 대한 언급, 비난하거나 조종하려는 시도에는 반응하지 않거나 대화 주제를 단호하게 되돌린다("지금은 아이 문제만 이야기했으면 좋겠어요.", "그것은 이 업무와 관련 없는 이야기입니다").

3. 사실 기반 소통 BIFF : 그의 감정적인 공격이나 비난에 말려들지 않고, 간결하고 Brief 유익하며 Informative 친절하지만 Friendly (최소한의 예의) 단호하게 Firm 사실만을 전달하는 데 집중한다. 예를 들어 "내일 오후 3시에 아이를 데리러 가겠습니다"와 같이 필요한 정보만을 명확하고 감정 없이 전달한다.

4. 감정적 거리두기 : 그와의 상호작용 동안 감정을 드러내지 않도록 의식적으로 노력한다. 그의 도발이나 비난에 분노하거

나 상처받은 모습을 보이지 않고, 가능한 한 무표정하고 차분한 태도를 유지한다. 당신의 감정적인 반응은 그에게 더 많은 공급을 제공하고 그의 행동을 강화시킬 뿐이다.

5. 명확한 경계 설정 및 유지 : 로우 컨택트 상황에서는 더욱더 명확하고 일관된 경계 설정이 중요하다. 그가 당신의 경계를 넘어서려 할 때마다(약속 시간 어기기, 개인적인 질문하기, 비난하기) 단호하게 지적하고 정해진 규칙을 상기시키며, 필요하다면 정해진 결과(대화 중단, 자리 뜨기)를 실행한다.

로우 컨택트는 노 컨택트만큼 완벽하게 보호해 주지는 못하지만, 어쩔 수 없는 상황에서 정서적 소모를 최소화하고 존엄성을 지키기 위한 차선책이 될 수 있다. 로우 컨택트를 실행하는 것은 상당한 자기 통제력과 일관성을 요구하며, 때로는 매우 피곤하고 스트레스받는 일이 될 수 있다. 하지만 자신을 보호하기 위한 노력임을 기억하고, 필요하다면 전문가의 도움을 받아 구체적인 전략을 세우는 것이 좋다.

나를 지키는 건강한 경계 설정 방법

노 컨택트나 로우 컨택트는 나르시시스트와의 관계를 정리하는 과정에서 필요한 특수한 전략이지만, 앞으로 건강한 삶과 관계를 영위하기 위해서는 일상생활 속에서 '건강한 경계 Healthy Boundaries'를 설정하고 지키는 능력을 배우고 연습하는 것이 필수적이다.

건강한 경계란, 자신이 누구이며 무엇을 중요하게 생각하는지를 바탕으로 타인이 어떻게 대하기를 기대하는지, 자신이 무엇을 용납할 수 있고 없는지를 명확히 하는 심리적인 선이다. 이것은 자존감을 보호하고 욕구를 충족시키며, 상호 존중적인 관계를 맺는 기반이 된다.

나르시시스트와의 관계 속에서 당신의 경계는 아마 심각하게 손상되었을 것이다. 당신은 아마 '아니오'라고 말하는 것을 두려워하거나 다른 사람들의 욕구를 우선시하거나 부당한 대우를 받고도 침묵하는 데 익숙해졌을 수 있다. 따라서 건강한 경계를 다시 설정하는 것은 낯설고 어려운 과정일 수 있지만, 꾸준한 연습을 통해 충분히 배울 수 있는 기술이다.

건강한 경계를 설정하고 지키는 방법은 다음과 같다.

1. **자신의 경계 인식하기** : 먼저 자신에게 무엇이 중요하고 필요한지, 어떤 대우를 받을 때 불편하거나 존중받지 못한다고 느끼는지 자신에게 귀 기울여야 한다. 가치관, 감정, 욕구, 개인적인 한계(시간, 에너지, 감정적 수용력 등)를 명확히 파악하는 것이 건강한 경계를 설정하는 첫걸음이다. 어떤 상황에서 '예스'라고 말하고 싶고, 어떤 상황에서 '아니오'라고 말하고 싶은가? 당신의 '괜찮음'의 기준은 무엇인가?

2. **명확하고 직접적으로 경계 전달하기** : 당신의 경계를 설정했다면, 상대방에게 명확하고 직접적으로 전달해야 한다. 모호하거나 우회적인 표현보다는, "나는 ~할 때 불편함을 느낀다. 그래서 앞으로는 ~해 주기를 바란다"와 같이 감정과 필요, 기대하는 행동을 구체적으로 표현하는 '나-전달법 I-Statement'을 사용하는 것이 효과적이다. 예를 들어 "나는 당신이 약속 시간보다 30분 이상 늦을 때 내 시간이 존중받지 못한다고 느껴서 속상하다. 앞으로는 늦으면 최소 1시간 전에는 연락해 주면 좋겠다"와 같이 말할 수 있다.

3. **'아니오'라고 말하는 연습** : 건강한 경계 설정의 핵심은 원하지 않거나 할 수 없는 것에 대해 죄책감 없이 '아니오'라고 말할 수 있는 능력이다. 다른 사람들을 실망시키거나 갈등을 일으킬까 봐 두려워서 '아니오'라고 말하기를 주저할 수 있다. 하

지만 모든 요구에 응해야 할 의무가 없으며, 당신의 시간과 에너지를 우선시할 권리가 있다. '아니오'라고 말할 때 장황한 변명이나 사과를 덧붙일 필요는 없다. 간결하고 단호하게 "아니오, 지금은 어렵습니다", "미안하지만, 그럴 수 없습니다"라고 말하는 연습을 시작해 보자. 처음에는 작은 부탁이나 덜 중요한 상황에서부터 연습하는 것이 도움이 될 수 있다.

4. 경계 침범 시 결과 설정 및 실행 : 경계를 설정하는 것만큼 중요한 것은, 그 경계가 침범당했을 때 어떻게 대응할 것인지를 미리 정하고 일관되게 실행하는 것이다. 만약 상대방이 당신의 경계를 존중하지 않고 계속해서 침범한다면, 어떤 결과를 감수할 것인가? 가능하다면 대화를 중단하거나, 자리를 뜨거나, 관계의 거리를 두는 등의 구체적인 결과를 미리 생각해 두어야 한다. 그리고 실제로 경계가 침범되었을 때, 감정적으로 반응하기보다는 미리 정해 둔 결과를 침착하고 단호하게 실행해야 한다. 이것은 당신의 경계가 진지하며 지킬 의지가 있음을 상대방에게 보여 주는 메시지가 된다.

5. 일관성 유지 및 자기 연민 : 건강한 경계를 설정하고 지키는 것은 하룻밤에 이루어지는 것이 아니다. 꾸준한 연습과 일관성이 필요하며 때로는 실패하거나 어려움을 겪을 수도 있다. 특히 오랫동안 경계 없이 살아왔다면 더욱 그럴 것이다. 중요한

것은 완벽해지려고 하기보다는, 꾸준히 연습하고 시도하며 자신에게 연민을 가지는 것이다. 경계를 설정하는 과정에서 실수하더라도 자책하지 말고, 다시 시도할 용기를 내는 것이 중요하다.

건강한 경계선을 다시 긋는 것은 나르시시스트의 그림자에서 벗어나 삶의 주인이 되는 과정이다. 자신을 얼마나 존중하고 사랑하는지를 보여 주는 구체적인 행동이며, 앞으로 건강하고 행복한 관계를 맺고 나가는 데 필수적인 토대가 될 것이다. '아니오'라고 말하는 것은 이기적인 행동이 아니라 자신을 지키고 행복을 선택하는 용기 있는 행동임을 기억하라.

014

내 안의

상처받은

아이를 돌보다

진실을 마주하고 옭아맸던 관계의 실체를 깨달았으며 더 이상 당신의 탓이 아니라는 사실을 받아들이기 시작했다면, 이제 회복을 위한 과정의 가장 깊고 섬세한 단계로 들어설 준비가 된 것이다. 바로 내면 깊숙한 곳, 관계의 폭풍 속에서 상처 입고 울고 있었던 당신 안의 어린아이, '상처받은 내면 아이 Wounded Inner Child'를 만나고 따뜻하게 돌보는 과정이다.

나르시시스트와의 관계는 단순히 현재의 당신에게만 상처를 남긴 것이 아니다. 과거 특히 어린 시절의 해결되지 않은 상서니 결핍과 연결되어 가장 취약한 부분을 건드리고 아프게 했을 가능성이 크다.

관계 속에서 느꼈던 극심한 버려짐에 대한 공포, 인정받고 사랑받고 싶은 간절한 갈망, 부당한 비난 앞에서도 속수무책으로 무너졌던 무력감. 이러한 감정은 어쩌면 아주 오래전, 당신이 어리고 약했을 때 느꼈지만 충분히 위로받거나 해소되지 못했던 감정의 메아리일 수 있다. 나르시시스트는 본능적으로 내면의 취약점을 감지하고 이용했을 수 있으며, 그 과정에서 당신 안의 상처받은 아이는 또다시 깊은 상처를 입었을 것이다.

따라서 진정한 치유와 회복을 위해서는 현재의 상처뿐만 아니라 과거로부터 이어져 온 내면의 아픔까지도 함께 들여다보고 보듬어 안아 주는 과정이 필요하다. 이번 장에서는 당신 안에 오랫동안 묻어 두었거나 외면해 왔던 감정을 안전하게 만나고 흘려보내는 법, 자신을 끊임없이 괴롭히는 내면의 비난 목소리를 멈추고 자신에게 따뜻한 위로와 격려를 건네는 법 그리고 어떤 상황에서도 자신은 다정함과 연민을 받을 자격이 있는 소중한 존재임을 깨닫고 실천하는 방법에 대해 이야기할 것이다.

자신에게 가장 좋은 부모이자 친구, 연인이 되어 주는 법을 배우는 과정이며, 내면을 진정한 평화와 온전함으로 채워 나가는 치유의 핵심이다.

묻어 두었던 감정을 인정하고 흘려보내기

나르시시스트와의 관계 속에서, 그 관계가 끝난 후에도 수많은 복잡하고 고통스러운 감정을 경험했을 것이다. 관계의 상실에 대한 깊은 슬픔과 애도, 그의 배신과 학대에 대한 격렬한 분노와 또다시 상처받을지도 모른다는 불안과 두려움, '내가 왜 그런 관계를 견뎠을까?' 하는 수치심과 자책감까지. 이러한 감정은 너무나 압도적이고 고통스러워서, 정면으로 마주하기보다는 마음 깊은 곳에 묻어 두거나 애써 외면하려 했을지도 모른다. 사회적으로 부정적인 감정(특히 분노나 슬픔)을 표현하는 것이 터부시되는 분위기 속에서 감정을 억누르고 괜찮은 척 행동하는 데 익숙해졌을 수도 있다.

하지만 억눌린 감정은 절대로 사라지지 않는다. 그것은 무의식 속에 쌓여 있다가 예기치 않은 순간에 분노 폭발이나 갑작스러운 눈물, 원인 모를 불안이나 무기력증, 신체적인 통증과 같은 다른 형태로 나타나 괴롭힐 수 있다. 마치 제대로 처리되지 않은 쓰레기가 악취를 풍기며 주변 환경을 오염시키듯, 억눌린 감정은 정신적, 신체적 건강을 해치고 회복을 방해하는 걸림돌이 된다.

따라서 진정한 치유를 위해서는 당신 안에 묻어 두었던 이 모든 감정을 안전한 방식으로 다시 만나고 충분히 느끼고 건강하게 표현하여 흘려보내는 과정이 꼭 필요하다.

감정을 인정하고 흘려보내는 첫 단계는 감정을 판단 없이 알아차리고 이름 붙여 주는 것이다. 지금 당신의 마음속에서 어떤 감정이 느껴지는지 조용히 관찰하자. 슬픔인가? 분노인가? 두려움인가? 수치심인가? 아니면 여러 가지 감정이 뒤섞여 혼란스러운가? 어떤 감정이든 '좋은 감정' 또는 '나쁜 감정'이라는 딱지를 붙이지 말자. 그저 '아, 지금 내가 슬픔을 느끼고 있구나', '내 안에 분노가 있구나'라고 알아차리는 것이 중요하다. 당신의 감정은 모두 타당하며, 그렇게 느끼는 데에는 그만한 이유가 있다.

다음 단계는 그 감정을 충분히 느끼도록 허용하는 것이다. 감정을 회피하거나 억누르려고 애쓰는 대신 그 감정이 몸과 마음을 통과하여 자연스럽게 흘러가도록 허락해 주자. 슬픔이 밀려온다면 안전한 공간에서 실컷 우는 것도 좋다. 분노가 느껴진다면 베개를 치거나 소리를 지르거나 격렬한 운동을 하는 등 파괴적이지 않은 방식으로, 그 에너지를 표출하는 것이 도움이 될 수 있다.

두려움이나 불안감이 엄습한다면 심호흡하거나 안정감을 주는 활동(따뜻한 차 마시기, 부드러운 담요 덮기)을 통해 자신을 진정시키는 연습을 할 수 있다. 중요한 것은 감정을 느끼는 것을 두려워하지 않고, 그 감정이 전하는 메시지에 귀 기울여 주는 것이다. 감정은 무언가 알려 주기 위해 찾아온 신호일 수 있다.

감정을 표현하고 흘려보내는 안전하고 건강한 방법을 찾는 것도 중요하다. 생각과 감정을 솔직하게 일기에 적어 보는 것은 매우 효과적인 방법이다. 글쓰기는 복잡한 내면을 정리하고 객관적으로 바라볼 수 있게 도와준다. 누구에게도 방해받지 않고 진실한 목소리를 표현할 수 있는 안전한 공간을 제공한다.

신뢰할 수 있는 친구나 가족, 지지 그룹과 감정을 나누는 것도 큰 위로와 힘이 될 수 있다. 당신의 이야기를 비판 없이 들어주고 공감해 주는 사람들과의 연결은 고립감을 덜어 주고 혼자가 아님을 느끼게 해 준다.

심리 상담 전문가의 도움을 받는 것은 더욱 안전하고 효과적으로 감정을 다루는 방법을 배우는 데 매우 중요하다. 전문가는 감정의 홍수에 휩쓸리지 않도록 안내해 주고, 감정 이면에 숨겨진 의미를 탐색하며 건강하게 해소할 수 있도록 도울 수 있다.

또한 그림 그리기, 음악 감상, 춤추기, 명상 등 창의적이거나 영적인 활동을 통해 감정을 표현하고 정화하는 것도 좋은 방법이 될 수 있다.

묻어 두었던 감정을 인정하고 흘려보내는 과정은 때로는 힘들고 불편할 수 있지만, 내면을 정화하고 영혼을 자유롭게 하는 필수적인 과정이다. 묵은 감정의 짐을 내려놓을 때, 비로소 가벼워진 마음으로 미래를 향해 나아가는 힘을 얻게 될 것이다.

자신을 비난하는 목소리 멈추기

나르시시스트와의 관계는 내면에 깊은 자기 비난의 씨앗을 심어 놓았을 가능성이 크다. 그의 끊임없는 비판과 평가절하, 가스라이팅은 모든 문제의 원인이 당신 자신에게 있다고 믿게 했고, 자신을 가혹하게 질책하는 '내면의 비판자 Inner Critic'를 강화시켰다.

관계가 끝난 후에도 내면의 비판자는 여전히 마음속에 남아 '네가 그때 그러지 말았어야지', '너는 왜 그렇게 어리석었니?', '너는 역시 부족한 사람이야', '너는 행복할 자격이 없어'와 같은 파괴적인 목소리로 끊임없이 괴롭힐 수 있다.

내면의 비판자 목소리를 멈추는 것은, 자존감을 회복하고 건강한 자기 인식을 되찾는 데 매우 중요하다. 더 이상 이 목소리에 휘둘리지 않고 자신을 지키기 위해서는 다음과 같은 노력이 필요하다.

첫째, 내면의 비판자 목소리를 알아차리고 분리하는 연습을 해야 한다. 마음속에서 자기 비난적인 생각이 떠오를 때 잠시 멈추고 그 목소리의 정체를 인식해 보자. '아, 또 내면의 비판자가 나타났구나'라고 알아차리는 것만으로도 그 목소리와 거리를 둘 수 있다. 그 목소리는 진정한 자아가 아니라 과거 상처와 학습된 부정적인 사고 패턴의 결과물임을 기억해야 한다. 혹시 그 목소리가 상처를 주었던 나르시시스트나 과거 다른 누군가의 목소리와 비슷하게 들리지는 않는가? 그 목소리를 자신과 동일시하지 않고, 마치 외부에서 들려오는 소음처럼 객관적으로 관찰하는 연습을 해 보자.

둘째, 내면의 비판자가 하는 말의 타당성을 비판적으로 검토하고 반박해야 한다. 내면의 비판자는 매우 일반화되고 극단적이며 불공정한 방식으로 공격한다. 그 목소리가 "너는 항상 모든 것을 망쳐"라고 말한다면, 자신에게 질문해 보자. '정말 항상 그랬는가?', '내가 성공적으로 해 낸 일은 전혀 없었는가?', '이 생각이 과연 객관적이고 공정한 평가인가?' 과거의 경험을 떠올리며, 내면의 비판자 주장에 대한 반박 증거를 찾아볼 수 있다. 예를 들어 "아니야, 나는 지난 프로젝트를 성공적으로 마쳤고, 친구와도 좋은 관계를 유지하고 있어. 때로는 실수할 때도 있지만, 그렇다고 내가 모든 것을 망치는 사람은 아니야"와 같이 구체적인 증거를 바탕으로 비판자의 주장을 논리적으로 반박하는 연습을 꾸준히 해야 한다.

셋째, 내면의 비판자 목소리를 더 건강하고 긍정적인 자기 대화로 대체하는 노력이 필요하다. 자기 비난적인 생각이 떠오를 때마다 의식적으로 그 생각을 멈추고, 대신 자신을 격려하고 지지하는 말을 건네주자. 예를 들어 실수했을 때 '나는 역시 안 돼'라고 자책하는 대신 '괜찮아, 누구나 실수할 수 있어. 이번 실수를 통해 배우고 다음에는 더 잘하면 돼. 나는 충분히 잘하고 있고, 계속 성장하고 있어'라고 자신을 다독여 주는 것이다. 처음에는 어색하고 부자연스럽게 느껴질 수 있지만, 꾸준히 연습하다 보면 점차 내면의 목소리가 비판적인 톤에서 벗어나 자신을 지지하고 격려하는 따뜻한 톤으로 변화하는 것을 경험할 수 있을 것이다.

넷째, 강점과 성취를 의식적으로 인식하고 기록하는 것도 도움이 된다. 나르시시스트와의 관계 속에서 오랫동안 단점과 실패에만 집중하도록 길들었을 수 있다. 이제는 의식적으로 긍정적인 측면에 초점을 맞추는 연습이 필요하다. 좋은 성품, 잘하는 것, 과거에 이루었던 크고 작은 성취를 떠올려 보고 목록으로 작성해 보자. 그리고 매일 하루를 마무리하며 그날 잘했던 점이나 감사했던 점을 기록하는 '자기 칭찬 일기'나 '감사 일기'를 써 보는 것도 좋다. 이러한 연습은 부정적인 자기 인식을 교정하고, 당신 안에 이미 존재하는 긍정적인 자원을 발견하고 강화하는 데 도움이 될 것이다.

자신을 비난하는 목소리를 멈추는 것은 과거의 상처로부터 자유로워지고 자신과 건강한 관계를 맺는 과정이다. 더 이상 내면 비판자의 노예가 될 필요가 없다. 자신에게 가장 따뜻하고 든든한 지지자가 되어 줄 수 있으며, 충분히 그럴 자격이 있다.

나에게도 다정함과 연민이 필요하다는 사실

나르시시스트와의 관계에서 아마도 자신의 감정이나 욕구보다는 그의 감정과 욕구를 우선시하는 데 익숙해졌을 것이다. 그의 비위를 맞추고 그의 인정을 받기 위해 자신을 돌보는 것을 소홀히 했을 수 있다. 심지어 자신을 함부로 대하거나 가혹하게 몰아붙였을지도 모른다. 다른 사람들에게는 관대하고 친절하면서도, 유독 자신에게만큼은 인색하고 엄격한 잣대를 들이대며 부족함만을 찾아내려 했을 수 있다. 하지만 이제 깨달아야 한다. 당신은 세상 그 누구보다 자신의 다정함과 연민 Self-compassion을 받을 자격이 있는 소중한 존재라는 사실을 말이다.

자기 연민이란 단순히 자신을 불쌍하게 여기거나 자기 문제를 합리화하는 자기 연민 Self-pity과는 다르다. 자기 연민은 고통스럽거나 실패하거나 부족하다고 느낄 때, 비판적인 태도로 자신을 몰아붙이는 대신 가장 친한 친구가 어려움을 겪을 때, 그를 대하듯 자기 자신을 따뜻하고 친절하게 이해하고 보듬어 안아 주는 태도이다. 심리학자 크리스틴 네프Kristin Neff에 따르면 자기 연민은 세 가지 핵심 요소로 구성된다.

첫째, '자기 친절Self-kindness'이다. 고통받거나 실수했을 때, 자신을 비난하고 질책하는 대신 따뜻하고 이해심 있는 태도로 자신을 대하는 것이다. 고통을 인정해 주고, '괜찮아, 힘들었구나', '실수할 수도 있지'라고 자신을 위로하며, 자신에게 필요한 것이 무엇인지 부드럽게 물어봐 주는 것이다. 마치 사랑하는 사람을 돌보듯 자신을 부드럽고 친절하게 대하는 연습이 필요하다.

둘째, '보편적 인간성Common Humanity'에 대한 인식이다. 당신이 겪는 고통이나 실패, 부족함이 혼자만의 문제가 아니라 모든 인간이 경험하는 보편적인 삶의 일부임을 깨닫는 것이다. 나르시시스트와의 관계 후 '왜 나만 이런 끔찍한 일을 겪었을까?' 하는 생각에 깊은 고립감과 수치심을 느낄 수 있다. 하지만 자기 연민은 그 경험이 결코 혼자만의 것이 아니라 비슷한 아픔을 겪고 극복해 나가는 수많은 사람이 존재한다는 사실을 상기시켜 준다. 절대 혼자가 아니며, 당신의 고통은 세상과 단절시키는 것이 아니라 오히려 다른 사람들과 연결될 수 있는 다리가 될 수 있음을 깨닫게 해 준다.

셋째, '마음챙김Mindfulness'이다. 고통스러운 생각이나 감정에 과도하게 동일시되거나 억누르려 애쓰는 대신 생각과 감정을 있는 그대로 판단 없이 알아차리고 관찰하는 태도이다. 예를 들어 슬픔이 밀려올 때 '나는 왜 이렇게 약할까?'라고 자책하거나 슬픔을 잊으려 애쓰는 대신 '아, 지금 내 마음에 슬픔이 찾아왔구나. 가슴이 아프네'라고 그 감정을 알아차리고 부드럽게 머물러 주는 것이다. 마음챙김은 감정의 파도에 휩쓸리지 않고 균형 잡힌 시각으로 경험을 바라볼 수 있도록 도와준다.

그렇다면 어떻게 자기 연민을 실천할 수 있을까? 힘들거나 괴로울 때 잠시 멈추고 자신에게 다음과 같은 질문을 던져 볼 수 있다.

"만약 내 가장 친한 친구가 지금 나와 똑같은 상황에 부닥쳐 있다면, 나는 그 친구에게 어떤 말을 해 주고 어떻게 대해 줄까?"

바로 그 다정함과 이해심을 자신에게도 똑같이 적용하는 것이다. 손을 가슴 위에 올려놓고 따뜻함을 느끼거나 부드럽게 안아 주는 '자기 위로의 제스처'를 취하는 것도 도움이 될 수 있다. 또한 '나는 지금 힘든 시간을 보내고 있어. 하지만 괜찮아. 나는 이 어려움을 헤쳐 나갈 수 있고, 나는 사랑받을 자격이 있어'와 같은 '자기 연민의 문구'를 조용히 되뇌어 보는 것도 좋다.

몸과 마음이 진정으로 원하는 것인 충분한 휴식, 건강한 음식, 즐거움을 주는 활동, 지지적인 사람과의 만남 등 '자기 돌봄Self-care' 활동에 시간을 투자하는 것 역시 자기 연민의 실천이다.

자신에게 다정함과 연민을 베푸는 것은 결코 이기적이거나 나약한 행동이 아니다. 상처 입은 내면 아이를 치유하고 자존감을 회복하며, 삶에 진정한 평화와 행복을 가져다주는 가장 강력하고 용기 있는 선택이다.

그 누구보다 자신의 따뜻한 사랑과 지지를 받을 자격이 있음을 잊지 말자. 자신을 연민으로 대할 때, 비로소 과거의 상처로부터 진정으로 자유로워지고 온전한 '나'로 다시 태어날 수 있을 것이다.

015

나를 위한

지지 시스템을

만들다

지금까지 진실을 마주하고 무너진 경계선을 다시 세우며 내면의 상처받은 아이를 돌보는 용기 있는 발걸음을 내디뎠다. 이 모든 과정은 잃어버렸던 자신을 되찾고 온전한 삶을 향해 나아가기 위한 노력이다. 하지만 기억해야 할 것이 있다. 이 회복의 과정은 결코 혼자서 외롭게 걸어가야 하는 길이 아니라는 사실이다. 오히려 당신을 이해하고 지지해 주는 안전한 사람들과의 연결 속에서 치유는 더욱 깊어지고 단단해질 수 있다.

나르시시스트와의 관계는 당신을 세상으로부터 고립시키고, 사람에 대한 신뢰를 무너뜨렸을 가능성이 크다. 다시 누군가에게 마음을 열고 당신의 아픔을 나누는 것을 두려워하거나 주저할 수 있다. 하지만 건강한 지지 시스템을 구축하는 것은 회복 과정에 필수적인 요소이다. 당신의 이야기를 들어주고 감정을 공감해 주며 흔들릴 때 손을 잡아 줄 수 있는 사람의 존재는, 큰 위안과 힘이 될 뿐만 아니라 건강한 관계 맺기 방식을 다시 배우고 연습하는 기회가 될 수 있다.

이번 장에서는 의지하고 힘을 얻을 수 있는 안전하고 건강한 지지 시스템을 어떻게 만들고 활용할 수 있는지 구체적인 방법을 알아볼 것이다. 더 이상 혼자가 아니며, 당신을 지지하고 응원하는 연결 속에서 회복은 더욱 풍성해질 수 있다.

믿을 수 있는 사람과의 연결 회복

나르시시스트와의 관계 속에서 아마도 소중한 인간관계들을 많이 잃거나 소홀히 했을 수 있다. 그의 통제와 이간질 때문에, 자신의 수치심과 고립감 때문에 친구나 가족과 멀어졌을 가능성이 크다. 또한 관계에서 겪었던 깊은 배신감 때문에 다시 누군가를 믿고 마음을 여는 것 자체를 매우 어렵게 느낄 수 있다. 하지만 회복을 위해서는 당신을 진심으로 아끼고 지지해 줄 수 있는 안전한 사람과의 연결을 다시 회복하려는 노력이 필요하다.

가장 먼저 해야 할 일은 주변에서 잠재적으로 안전하고 지지적인 사람이 누구일지 신중하게 식별하는 것이다. 모든 사람이 당신의 경험을 이해하거나 적절한 지지를 제공할 수 있는 것은 아니다. 어떤 사람은 당신의 이야기를 듣고 비난하거나 가볍게 여기거나 혹은 부적절한 조언을 할 수도 있다.

따라서 아픔을 나눌 대상을 선택할 때는 신중해야 한다. 당신의 말을 비판단적인 태도로 경청해 주고, 감정을 공감해 주며 비밀을 안전하게 지켜 줄 수 있다는 믿음이 가는 사람을 찾아보자. 그 사람은 오랜 친구일 수도 있고 당신을 아끼는 가족 구성원일 수도 있으며 상황을 이해할 만한 경험을 가진 동료일 수도 있다. 처음에는 단 한 사람이라도 좋다.

다음 단계는 그 사람에게 조심스럽게 다가가 당신의 이야기를 나누는 것이다. 처음부터 모든 것을 털어놓을 필요는 없다. 당신이 편안하게 느끼는 수준에서 조금씩 경험과 감정을 공유하기 시작해 보자.

예를 들어 "사실 요즘 많이 힘든 시간을 보내고 있어. 예전에 만났던 사람과의 관계 때문에 어려움을 겪고 있는데, 혹시 내 이야기를 잠시 들어줄 수 있을까?"와 같이 조심스럽게 운을 떼어볼 수 있다. 당신이 원하는 지지의 종류(그냥 들어주기, 공감해 주기, 구체적인 조언해 주기 등)를 명확히 전달하는 것도 오해를 줄이고 관계를 건강하게 유지하는 데 도움이 된다.

이야기를 나누는 과정에서 상대방의 반응을 주의 깊게 살펴보는 것이 중요하다. 만약 그 사람이 이야기를 경청하고 공감하며 지지적인 반응을 보인다면, 그와의 관계를 더욱 발전시키고 더 깊은 신뢰를 쌓아 나갈 수 있다. 하지만 만약 그가 당신을 비난하거나 감정을 무시하고, 당신의 경험을 가볍게 여기는 듯한 반응을 보인다면, 더 이상 그에게 상처를 드러낼 필요는 없다. 모든 사람에게 이해받거나 지지받을 필요는 없다는 사실을 받아들이고, 안전하고 긍정적인 영향을 주는 관계에 집중하는 것이 중요하다.

과거 나르시시스트와의 관계로 인해 멀어졌던 사람과의 관계를 회복하고 싶다면, 먼저 솔직하게 사과하고 상황을 설명하려는 노력이 필요할 수 있다.

"그동안 내가 연락도 잘 못하고 소홀했던 것 미안해. 사실 그때 내가 많이 힘든 관계 속에 있었고, 정상적인 판단을 하기 어려웠어. 너와의 관계를 다시 회복하고 싶은데, 괜찮을까?"

진심을 담아 다가간다면, 대부분 상대방은 당신을 이해하고 다시 관계를 이어갈 기회를 줄 것이다.

믿을 수 있는 사람들과의 연결을 회복하는 것은 고립감을 해소하고 정서적인 지지를 얻는 데 매우 중요할 뿐만 아니라 건강한 관계 맺기 방식을 다시 배우고 연습하는 소중한 기회가 된다.

안전한 관계 속에서 당신의 감정을 솔직하게 표현하고, 경계를 설정하고 지키며, 상호 존중과 신뢰에 기반한 건강한 상호작용을 경험할 수 있다. 이 과정은 당신의 손상된 신뢰를 회복하고, 다시 세상과 안전하게 연결될 수 있다는 희망을 심어줄 것이다.

필요하다면 전문가의 도움받기
(상담, 치료)

나르시시즘적 학대의 후유증은 매우 깊고 복합적일 수 있으며, 때로는 친구나 가족의 지지만으로는 극복하기 어려울 수 있다. 겪는 고통이 너무 크거나 오래 지속된다고 느껴지거나, 혼자 힘으로는 도저히 이겨 낼 수 없다는 무력감에 시달린다면, 주저하지 말고 심리 상담 전문가의 도움을 받는 것을 적극적으로 고려해야 한다. 전문가의 도움을 받는 것은 결코 약하거나 문제가 있다는 의미가 아니다. 오히려 상처를 진지하게 마주하고 적극적으로 치유하려는 용기가 있는 현명한 선택이다.

심리 상담이나 치료는 안전하고 비밀이 보장되는 공간을 제공한다. 그곳에서 당신의 모든 생각과 감정, 고통스러운 경험을 아무런 비난이나 편견 없이 자유롭게 털어놓을 수 있다. 상담 전문가는 당신의 이야기에 깊이 공감하며 아픔을 이해해 주고, 겪고 있는 어려움의 근본 원인을 파악하도록 도와준다.

또한 전문가는 당신이 겪은 나르시시즘적 학대의 역학을 더 깊이 이해하고, 그것이 미친 영향을 객관적으로 인식하며, 건강하지 못한 사고방식이나 행동 패턴을 변화시킬 수 있도록 과학적이고 체계적인 방법을 안내해 줄 수 있다.

나르시시즘적 학대 피해자에게 도움이 될 수 있는 다양한 상담 및 치료 기법이 있다. 예를 들어 과거의 트라우마 기억과 감정을 안전하게 재처리하도록 돕는 '안구 운동 민감 소실 및 재처리 요법 EMDR'이나 '지속 노출 치료 Prolonged Exposure Therapy'와 같은 트라우마 중심 치료가 효과적일 수 있다.

또한 부정적인 사고 패턴을 인식하고 변화시키는 '인지 행동 치료 Cognitive Behavioral Therapy, CBT'나 감정 조절 기술과 대인관계 기술을 향상시키는 '변증법적 행동 치료 Dialectical Behavior Therapy, DBT'도 도움이 될 수 있다.

어린 시절의 상처가 현재의 문제와 깊이 관련되어 있다고 생각된다면, 초기 애착 경험과 관계 패턴을 탐색하는 '정신 역동 치료 Psychodynamic Therapy'나 '애착 기반 치료 Attachment-Based Therapy'를 고려해 볼 수도 있다. 어떤 치료법이 가장 적합할지는 전문가와의 상담을 통해 결정하는 것이 좋다.

물론 전문가의 도움을 받는 데에는 현실적인 어려움이 따를 수도 있다. 상담 비용이 부담스러울 수도 있고 좋은 상담사를 찾는 것이 어려울 수도 있으며, 여전히 심리 상담에 대한 사회적인 편견이나 낙인 때문에 망설여질 수도 있다. 하지만 이러한 어려움에도 불구하고, 전문가의 도움을 받는 것은 회복을 위한 매우 가치 있는 투자이다.

최근에는 정부나 지자체에서 운영하는 상담 센터나 민간 기관의 저렴한 상담 프로그램, 온라인 상담 플랫폼 등 다양한 선택지가 존재하므로 상황에 맞는 자원을 적극적으로 찾아보는 노력이 필요하다. 좋은 상담 전문가를 만나는 것은 당신의 회복 과정에 강력한 날개를 달아 주는 것과 같다. 혼자서는 넘기 어려웠을 벽을 함께 넘고, 내면에 잠재된 치유의 힘을 최대한 발휘할 수 있도록 돕는 든든한 안내자가 되어 줄 것이다.

나를 이해하고 지지하는 안전한 공간 찾기

믿을 수 있는 개인적인 관계나 전문가의 도움 외에도 비슷한 경험을 한 다른 사람들과 연결되고 서로 지지하는 '안전한 공간'을 찾는 것도 회복에 큰 힘이 될 수 있다. 나르시시즘적 학대 생존자를 위한 지지 그룹이나 온라인 커뮤니티 등이 바로 그러한 공간이다. 이러한 공간에 참여하는 것은 깊은 고립감을 해소하고, 당신의 경험이 결코 혼자만의 것이 아니라는 강력한 위안과 유대감을 느끼게 해 준다.

지지 그룹이나 커뮤니티에 참여하는 것은 여러 가지 이점을 제공한다.

첫째, 그곳에서 당신의 경험을 진정으로 이해받고 공감받을 수 있다. 다른 사람들은 이야기를 들으며 '나도 그랬어요', '정말 힘들었겠네요'라고 진심으로 공감해 주고, 당신이 겪었던 교묘한 학대의 실체나 혼란스러운 감정을 정확히 이해해 줄 것이다. 더 이상 당신의 경험을 설명하거나 정당화할 필요 없이 있는 그대로 받아들여지고 이해받는 경험은 상처를 치유하는 데 매우 강력한 힘을 발휘한다. '내가 이상한 게 아니었구나', '내 잘못이 아니었구나' 하는 깊은 안도감과 해방감을 느낄 수 있다.

둘째, 다른 생존자의 이야기를 통해 다양한 정보와 지혜, 희망을 얻을 수 있다. 다른 사람들은 어떻게 나르시시스트의 조종에서 벗어났는지, 어떤 방법으로 상처를 치유하고 있는지, 어떻게 건강한 경계를 설정하고 있는지 등에 대한 구체적이고 실질적인 조언과 노하우를 공유해 줄 수 있다. 또한 먼저 회복의 길을 걷고 있는 사람의 모습을 보면서 당신도 충분히 회복하고 행복해질 수 있다는 희망과 용기를 얻게 될 것이다.

셋째, 지지 그룹이나 커뮤니티는 안전하게 당신의 목소리를 내고 경험을 나누는 연습을 할 수 있는 공간을 제공한다. 그곳에서 다른 사람들의 지지와 격려 속에서 상처와 감정을 솔직하게 표현하고, 당신의 생각과 의견을 나누며, 건강한 방식으로 소통하고 관계 맺는 법을 다시 배울 수 있다. 위축된 자존감을 회복하고 목소리에 힘을 실어 주는 경험이 될 것이다.

물론 당신에게 맞는 안전하고 건강한 지지 공간을 찾는 것은 매우 중요하다. 모든 지지 그룹이나 온라인 커뮤니티가 도움이 되는 것은 아니다. 어떤 곳은 비난적이거나 판단적인 분위기일 수도 있고, 잘못된 정보가 공유되거나 오히려 부정적인 감정을 증폭시키는 곳일 수도 있다.

따라서 참여하기 전에 그룹의 운영 방식이나 규칙, 분위기 등을 미리 확인하고, 심리적으로 안전하고 편안하게 느껴지는 곳으로 신중하게 선택하는 것이 중요하다. 가능하다면 전문가가 운영하거나 관리하는 그룹을 찾는 것이 더 안전할 수 있다. 온라인 커뮤니티의 경우 익명성이 보장된다는 장점이 있지만, 정보의 신뢰성이나 구성원의 의도에 대해 주의할 필요가 있다.

나를 이해하고 지지하는 안전한 공간을 찾는 것은, 외로움과 고립감에서 벗어나 소속감과 유대감을 느끼고, 다른 사람들과의 건강한 연결 속에서 함께 성장하고 회복해 나가는 소중한 기회를 제공한다.

더 이상 혼자 힘들어할 필요가 없다. 아픔을 나누고 서로에게 힘이 되어 줄 수 있는 따뜻한 공동체를 찾아보자. 그 연결 속에서 당신은 자신을 더욱 깊이 이해하고 사랑하게 될 것이며, 회복 과정은 더욱 풍요롭고 의미 있게 채워질 것이다.

PART
05

나다운 삶을
향하여

{ 회복과 성장 }

기나긴 어둠의 시간을 지나 마침내 상처를 마주하고 경계를 세우며 아픔을 보듬는 치유의 과정을 걸어왔다. 쉽지 않은 과정이었지만, 용기 있게 한 걸음 한 걸음 내디뎠고, 이제 새로운 빛을 비출 준비를 하고 있다. 마지막 5부에서는 과거의 상처를 딛고 일어나 본연의 모습으로 온전히 빛나는 삶인 '나다운 삶'을 향해 나아가는 회복과 성장의 과정에 대해 이야기하고자 한다.

단순히 과거의 고통에서 벗어나는 것을 넘어 그 경험을 통해 얻은 지혜와 통찰력을 바탕으로 더욱 깊이 있고 의미 있는 삶을 창조해 나가는 과정이다. 더 이상 당신은 과거의 희생자가 아니라 삶의 이야기를 새롭게 써 내려가는 주체적인 작가이다.

내면의 목소리에 다시 귀 기울이는 법, 건강한 관계를 맺기 위한 준비, 삶을 온전히 나의 것으로 만들어 나가는 과정에 대해 함께 이야기하며 새로운 시작을 응원하고 지지할 것이다. 당신의 미래는 손안에 있으며 충분히 행복하고 충만한 삶을 살아갈 자격이 있다.

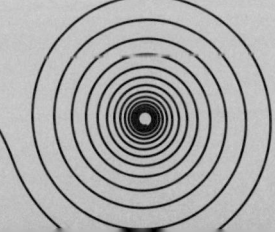

016

내면의

목소리에

귀 기울이다

나르시시스트와의 관계 속에서 아마도 자신의 목소리보다 그의 목소리를 더 크게 듣는 데 익숙해졌을 것이다. 그의 비난과 평가절하, 교묘한 가스라이팅은 당신의 생각과 감정, 직관을 불신하게 만들었다. 무엇이 옳고 그른지, 무엇이 진정으로 필요하고 중요한지 판단하는 내면의 나침반을 잃어버린 채 그의 기준과 요구에 맞춰 표류하는 배처럼 위태로운 시간을 보냈을 것이다.

하지만 당신 안에는 여전히 올바른 길로 인도할 수 있는 지혜로운 목소리가 존재한다. 그것은 바로 당신의 '직관Intuition'이며 진정한 '욕구Needs'와 '가치Values'이다. 이제 회복과 성장을 위해 가장 먼저 해야 할 일은, 외부의 소음과 과거의 상처가 만들어 낸 혼란 속에서 내면의 깊고 조용한 목소리에 다시 귀 기울이는 법을 배우는 것이다.

이번 장에서는 잃어버렸던 내면의 나침반을 되찾고, 삶을 자기답게 이끌어가는 힘을 회복하는 세 가지 방법에 대해 이야기할 것이다.

다시, 직감을 믿는 법 배우기

직관이란, 논리적인 추론이나 명백한 증거 없이도 무언가를 알아차리거나 느끼는 능력 흔히 '육감'이나 '촉'이라고 불리는 내면의 지혜이다. 나르시시스트와의 관계를 겪기 전 당신은 아마도 자신의 직관을 어느 정도 신뢰하고 활용했을 것이다.

처음 만난 사람에게서 느껴지는 미묘한 불편함, 어떤 상황에서 느껴지는 불길한 예감, 특별한 이유 없이도 '이것이 옳은 길이다'라고 느껴지는 내면의 확신 같은 것 말이다. 직관은 의식적으로 인지하지 못하는 미묘한 정보를 감지하고 처리하여 경고 신호나 안내를 보내 준다.

하지만 나르시시스트의 지속적인 가스라이팅은 바로 이 소중한 내면의 나침반인 직관을 무력화시킨다. 그는 당신의 감정이나 느낌을 '비합리적'이거나 '예민한 것'으로 치부하고, 당신의 기억이나 판단을 끊임없이 의심하게 만들었다. 점차 당신의 직감이 보내는 신호를 무시하거나 의심하게 되었고, 결국에는 무엇을 믿어야 할지 모르는 깊은 혼란에 빠졌을 것이다.

어쩌면 관계 초기에 당신의 직감은 그에게서 느껴지는 위험 신호를 감지하고 경고를 보냈을지도 모른다. 하지만 당신은 그의 화려한 러브 바밍이나 희망적인 기대 때문에 그 목소리를 외면했을 가능성이 크다.

이제 회복 과정에서 가장 중요한 과제 중 하나는 바로 이 손상된 직관을 회복하고 다시 신뢰하는 법을 배우는 것이다. 당신의 직관은 당신을 보호하고 올바른 결정을 내리도록 돕는 강력한 내적 자원이다. 다시 직감을 믿기 위해서는 다음과 같은 연습들이 도움이 될 것이다.

첫째, 자기 몸과 마음에 주의를 기울이는 연습을 시작하자. 직관은 논리적인 생각보다는 신체적인 감각이나 미묘한 느낌으로 먼저 나타난다. 예를 들어 어떤 사람과 대화할 때 가슴이 답답하거나 배가 불편한 느낌, 어떤 장소에 갔을 때 느껴지는 알 수 없는 불안감이나 편안함, 어떤 결정을 앞두고 느껴지는 미묘한 끌림이나 저항감 같은 것이다. 일상생활 속에서 몸과 마음이 보내는 작은 신호에 주의를 기울이고, 무엇을 의미하는지 판단 없이 관찰하는 연습을 해 보자. 마음챙김 명상 Mindfulness Meditation은 이러한 내면의 감각을 알아차리는 능력을 키우는 데 매우 효과적이다.

둘째, 직관적인 느낌이나 예감을 기록하는 습관을 들여보자.

어떤 상황이나 사람에 대해 느꼈던 첫인상이나 '촉', 꿈에서 받은 인상 등을 짧게라도 기록해 두는 것이다. 그리고 시간이 지난 후에 그 기록을 다시 보며 당신의 직관이 얼마나 정확했는지, 어떤 점에서 빗나갔는지를 객관적으로 평가해 보는 것이다. 이 과정은 직관의 패턴과 정확성을 파악하고 그것을 더 신뢰할 수 있도록 도와준다. 또한 당신의 직관이 옳았다는 것을 확인하는 경험은 자기 신뢰를 회복하는 데 큰 힘이 될 수 있다.

셋째, 작은 결정부터 직관을 따라 보는 연습을 해 보자. 예를 들어 오늘 점심 메뉴를 고르거나 주말에 어떤 활동을 할지 결정할 때 논리적인 이유보다는 마음이 끌리는 쪽, 몸이 편안하게 느끼는 쪽을 선택해 보는 것이다. 처음에는 사소하고 덜 중요한 결정부터 시작하여 직관을 믿고 행동하는 경험을 쌓아 나가는 것이 중요하다. 직관을 따른 결과가 긍정적이었을 때, 의식적으로 알아차리고 자신을 칭찬해 주자. 이러한 작은 성공 경험이 모여 직관에 대한 신뢰를 점차 회복시켜 줄 것이다.

물론 직관을 회복하고 신뢰하는 것은 시간이 걸리는 과정이며 때로는 직관이 틀릴 수도 있다. 알아야 할 것은 완벽한 직관을 가지려고 애쓰는 것이 아니라 내면의 목소리에 다시 귀 기울이고 존중하려는 태도를 보이는 것이다. 과거의 경험 때문에 직관을 불신하는 대신 이제 직관을 가장 친한 친구이자 현명한 조언자로서 다시 삶으로 초대해 보자. 직관은 다시는 길을 잃지 않도록 당신의 길을 밝혀 주는 등대가 되어 줄 것이다.

나에게 무엇이 중요하고 필요한지 알아차리기

나르시시스트와의 관계 속에서 당신 삶의 중심은 '나'가 아닌 '그'였을 가능성이 크다. 그의 욕구와 기대를 충족시키는 데 집중하느라 정작 자신이 무엇을 중요하게 생각하고 무엇을 필요로 하는지를 잊어버렸거나 외면했을 수 있다. 당신의 가치관은 그의 가치관에 의해 희석되었고, 당신의 욕구는 그의 욕구 아래 억눌려 있었다.

자신을 되찾는 과정에서 필수적인 것은 바로 당신의 진정한 '가치 Values'와 '욕구 Needs'를 다시 발견하고 그것을 삶의 중심에 두는 것이다. 내가 누구이며 어떤 삶을 살고 싶은지를 명확히 하고, 나의 선택과 행동을 나의 진정한 자아와 일치시키는 과정이다.

먼저 나의 핵심 가치를 탐색해 보자. 가치란 삶에서 가장 중요하다고 생각하는 원칙이나 신념이다. 예를 들어 정직, 사랑, 성장, 자유, 안정, 창의성, 기여, 공정함 등 마음을 움직이고 삶에 의미를 부여하는 것은 무엇인가? 가장 존경하는 사람은 어떤 가치를 가지고 살아가는가? 삶에서 가장 만족스럽고 의미 있다고 느꼈던 순간은 어떤 가치와 연결되어 있었는가? 이러한 질문을 자신에게 던져 보고, 진정으로 중요한 가치의 목록을 작성해 보자. 핵심 가치를 명확히 아는 것은 삶의 결정을 내릴 때 흔들리지 않는 기준점을 제공해 주고, 삶에 방향성과 의미를 부여해 줄 것이다.

다음으로 기본적인 욕구를 알아차리고 존중하는 법을 배워야 한다. 욕구란 건강하고 행복하게 살아가는 데 필요한 기본적인 조건이다. 여기에는 음식, 수면, 휴식과 같은 '신체적 욕구', 안전함, 안정감, 예측 가능성에 대한 '안전의 욕구', 사랑, 소속감, 친밀감과 같은 '관계적 욕구', 존중, 인정, 성취감과 같은 '자존감의 욕구' 그리고 자기 성장, 잠재력 실현, 의미 추구와 같은 '자아실현의 욕구' 등이 포함된다. 나르시시스트와의 관계 속에서 아마도 이러한 기본적인 욕구를 충족 받지 못했을 뿐만 아니라, 심지어 당신에게 그러한 욕구가 있다는 사실조차 잊어버렸을 수 있다. 이제 자기 몸과 마음이 보내는 신호에 귀 기울이며 자신의 욕구를 알아차리고, 충족시키기 위한 구체적인 행동을 취해야 한다. 예를 들어 피곤함을 느낀다면, 충분한 휴식을 취하고 외로움을 느낀다면, 친구에게 연락하거나 새로운 사람들과 교류할 기회를 만들며, 성취감을 느끼고 싶다면 관심 있는 분야를 배우거나 도전해 보는 것이다. 자신의 욕구를 알아차리고 존중하는 것은 자신을 돌보고 사랑하는 가장 기본적인 방법이다.

가치와 욕구를 다시 발견하기 위해서는 탐색과 실험의 과정이 필요할 수 있다. 오랫동안 자신을 잃어버린 채 살아왔기 때문에, 처음에는 무엇이 중요하고 필요한지 잘 모를 수도 있다. 그럴 때는 과거 당신이 즐거워했던 활동이나 관심을 가졌던 분야를 다시 시도해 보거나 아니면 전혀 새로운 분야에 도전해 보면 도움이 될 것이다.

다양한 경험을 통해 마음이 무엇에 끌리고 무엇에 반응하는지를 관찰하며 선호와 열정을 재발견해 나갈 수 있다. 존경하거나 건강하다고 생각하는 사람의 삶의 방식을 참고하는 것도 좋지만, 결국 당신의 가치와 욕구는 스스로 찾아야 하는 고유한 것임을 기억해야 한다.

나에게 무엇이 중요하고 필요한지를 알아차리고 그것을 삶의 중심에 두는 것은, 더 이상 타인의 기대나 기준에 맞춰 살아가는 것이 아니라 진정한 자아와 일치하는 삶을 살아가는 것을 의미한다. 이것은 깊은 만족감과 의미, 내면의 평화를 가져다줄 것이다. 자기 삶의 운전대를 다시 잡고, 자신의 가치와 욕구가 이끄는 방향으로 나아가자.

작은 성취를 통해 자신감 회복하기

나르시시스트와의 관계는 자존감뿐만 아니라 무언가를 해낼 수 있다는 믿음, '자기 효능감Self-efficacy'까지 심각하게 훼손했을 수 있다. 그의 끊임없는 비판과 통제 속에서 스스로 무언가를 결정하고 실행하는 능력을 의심하게 되었고, 새로운 도전을 하거나 어려움에 맞서는 것을 두려워할 수 있다.

'나는 아무것도 제대로 할 수 없어', '나는 실패할 거야'와 같은 부정적인 믿음에 사로잡혀 무력감에 빠졌을지도 모른다. 무너진 자신감을 회복하는 가장 효과적인 방법은, 단순히 긍정적인 생각을 하려고 노력하는 것이 아니라 실제로 작고 구체적인 행동을 통해 성공 경험을 쌓아 나가는 것이다.

자신감은 추상적인 개념이 아니라 구체적인 성취 경험을 통해 자라나는 근육과 같다. 따라서 의식적으로 성공하여 완수할 수 있는 달성할 수 있는 작은 목표를 설정하고 하나씩 이루어나가는 연습을 해야 한다. 여기서 중요한 것은 목표의 크기가 아니라 목표를 설정하고 달성하는 '과정' 자체에 집중하는 것이다. 목표는 현재 상황과 능력에 맞춰 현실적으로 설정해야 하며 너무 거창하거나 어려운 목표는 오히려 좌절감을 안겨 줄 수 있다.

예를 들어 오랫동안 방치했던 자신의 공간 정리를 목표로 삼을 수 있다. 처음에는 '책상 위 서류 정리하기'와 같이 아주 작은 목표부터 시작하는 것이다. 그리고 그 목표를 달성했을 때, 비록 사소하게 느껴질지라도 자신을 충분히 칭찬해 주고 그 성취감을 음미하는 것이 중요하다. 다음 날에는 '옷장 한 칸 정리하기', 그다음에는 '주방 서랍 정리하기'와 같이 점진적으로 목표의 크기를 늘려 나갈 수 있다.

배우고 싶었던 새로운 기술(요리, 외국어, 악기 연주)을 배우기 위해 관련 수업에 등록하거나 온라인 강의를 듣기 시작하는 것도 좋다. 매일 10분씩 꾸준히 연습하는 것만으로도 점차 실력이 향상되는 것을 느끼고 성취감을 맛볼 수 있을 것이다.

또한 일상적인 자기 돌봄 활동 역시 자신감 회복에 중요한 역할을 할 수 있다. 매일 규칙적인 시간에 일어나고 잠자리에 들기, 건강한 식사를 챙겨 먹기, 꾸준히 운동하기, 외모를 단정하게 가꾸기 등 자신을 존중하고 아끼는 작은 습관을 실천하는 것이다. 이러한 활동은 '나는 나 자신을 돌볼 능력이 있는 사람'이라는 자기 효능감을 심어 주고, 삶에 대한 통제력을 회복하는 데 도움을 줄 수 있다.

　작은 성취를 통해 자신감을 회복하는 과정에서 결과보다는 과정을 칭찬하고, 완벽주의를 버리는 것이다. 목표를 달성하는 과정에서 어려움을 겪거나 실수하더라도 포기하지 않고 계속 노력하는 자신을 격려해 주어야 한다. 모든 것을 완벽하게 해내려고 하기보다는, 작은 진전이라도 꾸준히 만들어 나가는 것에 의미를 두는 것이 중요하다. 또한 자신의 성취를 다른 사람들과 비교하기보다는, 과거의 자신과 비교하며 얼마나 성장했는지에 초점을 맞추는 것이 좋다.

　이러한 작은 성취 경험이 하나둘씩 쌓여갈 때, 자신 안의 '나는 할 수 있다'는 믿음이 점차 강해질 것이다. 더 이상 과거의 무력감에 갇혀 있지 않고, 자기 삶을 변화시키고 원하는 것을 이루어 내는 힘이 자신 안에 있다는 것을 깨닫게 될 것이다.

　자신감은 새로운 도전을 하고 잠재력을 마음껏 펼치도록 이끄는 강력한 엔진이 되어 줄 것이다. 작은 발걸음부터 시작하여 자신감을 차근차근 다시 쌓아 나가자. 당신은 생각보다 훨씬 강하고 능력 있는 사람이다.

017

건강한 관계 맺기를 위한 준비

내면의 목소리에 귀 기울이는 법을 배우고 잃어버렸던 자신의 가치와 욕구를 되찾으며, 작은 성취를 통해 무너졌던 자신감을 다시 쌓아 올리는 과정을 시작했다. 이것은 과거의 상처를 딛고 일어나 온전히 '나다운 삶'을 향해 나아가는 아름답고 용기 있는 과정이다. 회복 과정의 마지막 단계는 이 모든 배움과 성장을 바탕으로, 앞으로 맺게 될 새로운 관계를 건강하고 행복하게 만들어 나가기 위한 준비를 하는 것이다.

나르시시스트와의 고통스러운 경험은 사람과 관계에 대한 깊은 상처와 두려움을 남겼을 수 있다. '또다시 그런 사람을 만나면 어떡하지?', '나는 과연 건강한 관계를 맺을 수 있을까?' 하는 불안감 때문에 새로운 관계를 시작하는 것 자체를 망설이거나 회피하고 싶을지도 모른다.

하지만 과거 경험은 당신을 영원히 고립시키거나 불행하게 만들기 위한 것이 아니다. 오히려 그 아픔 속에서 얻은 귀중한 교훈은 앞으로 더 현명하고 건강하게 관계를 맺어나가는 데 필요한 지혜와 통찰력이 될 수 있다. 과거의 실수를 반복하지 않을 힘과 분별력을 이미 내면에 가지고 있다.

이 장에서는 당신이 과거의 경험으로부터 무엇을 배우고 성장할 수 있는지, 새로운 관계를 시작할 때 어떤 점을 주의 깊게 살펴야 하는지, 진정으로 추구해야 할 건강한 관계인 진정한 친밀함과 존중이 있는 관계란 무엇인지에 대해 함께 이야기하며, 행복한 미래를 위한 준비를 도울 것이다. 당신은 사랑받고 사랑할 자격이 있으며 건강하고 아름다운 관계를 만들어 나갈 충분한 가능성을 지니고 있다.

과거의 경험에서 배운다

'실패는 성공의 어머니다'라는 오래된 격언처럼 고통스러운 관계 경험은 더 현명하고 강인하게 성장시키는 귀중한 배움의 기회가 될 수 있다. 물론 그 과정은 뼈아팠고 깊은 상처를 남겼지만, 그 경험을 통해 이전에는 미처 알지 못했던 자신과 인간관계의 본질에 대한 통찰력을 얻었을 것이다. 과거의 경험을 단순히 끔찍했던 악몽으로 묻어 두는 대신 그 안에서 무엇을 배울 수 있는지 차분히 성찰해 보는 것은 미래를 위한 소중한 자산을 얻는 과정이다.

먼저 자신의 취약점을 돌아보고 이해하는 기회로 삼을 수 있다. 나르시시스트는 어떤 이유로 당신에게 그토록 강하게 끌렸을까? 그는 당신의 어떤 부분을 교묘하게 이용했을까? 혹시 당신에게는 타인의 인정과 사랑을 갈망하는 마음, 거절에 대한 두려움, 갈등을 회피하려는 성향이나 타인을 지나치게 이상화하거나 쉽게 믿어버리는 경향이 있지는 않았는가? 어린 시절의 상처나 결핍이 관계 패턴에 어떤 영향을 미치고 있었는가?

이러한 질문을 통해 자신의 취약한 부분을 정직하게 마주하고 이해하는 것은 결코 자책하기 위함이 아니다. 오히려 약점을 정확히 아는 것은, 앞으로 비슷한 상황에서 자신을 보호하고 건강하지 못한 관계 패턴에 다시 빠지지 않도록 예방하는 힘이 된다. 자신의 취약점을 인식하고 보완하고 관리하는 방법을 배울 수 있다.

다음으로 과거의 경험을 통해 관계에서의 위험 신호Red Flags를 조기에 감지하는 능력을 키울 수 있다. 1부에서 살펴보았던 것처럼, 나르시시스트와의 관계는 처음부터 미묘하지만 분명한 경고 신호를 보내고 있었다. 과도한 러브 바밍, 비정상적으로 빠른 관계 진전, 미묘한 비난과 평가절하, 약속 어김과 말 바꾸기, 당신의 경계를 존중하지 않는 태도, 자기의 기분에 따라 당신을 좌지우지하려는 시도 등 이러한 행동이 단순한 성격 차이나 실수가 아니라 잠재적으로 위험한 관계를 예고하는 신호일 수 있음을 안다. 과거의 경험을 복기하며 당신이 놓쳤거나 무시했던 초기 경고 신호가 무엇이었는지 다시 한번 되짚어 보자. 이 경험은 '사람 보는 눈'을 더욱 예리하게 만들어 줄 것이며, 앞으로 새로운 관계를 시작할 때 직관이 보내는 경고음에 더 귀 기울이도록 도울 것이다.

또한 과거의 경험을 통해 건강한 경계 설정의 중요성을 뼈저리게 배웠을 것이다. 나르시시스트는 당신의 경계를 끊임없이 침범하고 무너뜨리려 했고, 그 과정에서 자신을 잃어버리는 고통을 겪었다. 당신은 이제 감정, 시간, 에너지, 개인적인 공간을 보호하는 것이 얼마나 중요한지를 안다.

당신은 '아니오'라고 말할 권리가 있으며, 자신의 욕구를 존중하고 표현할 권리가 있다는 것을 배웠다. 이 배움은 앞으로 어떤 관계를 맺든 자신을 지키고 존중받는 건강한 상호작용을 만들어 나가는 데 필수적인 자산이 될 것이다.

마지막으로 이 모든 고통스러운 경험을 통해 당신 안에 놀라운 회복력과 강인함이 있다는 사실을 발견했을 것이다. 상상하기 어려운 고통과 혼란 속에서도 살아남았고, 마침내 진실을 마주하고 치유의 길을 걷고 있다. 이 경험은 자신을 더욱 단단하고 지혜로운 사람으로 성장시켰다.

자신이 얼마나 강한 사람인지 자신 안에 얼마나 큰 치유와 성장의 잠재력이 있는지를 깨닫게 되었을 것이다. 자기 확신은 미래의 어려움에 맞서고 삶을 주체적으로 만들어 나가는 데 강력한 힘이 되어 줄 것이다.

과거의 경험은 당신을 정의하지 않는다. 하지만 그 경험으로부터 배울 수 있다. 고통스러운 과거를 성장의 발판으로 삼아 더욱 현명하고 건강하며 온전한 자신으로 거듭날 수 있다.

새로운 관계에서 주의해야 할 신호

과거의 아픈 경험을 통해 관계에서의 위험 신호를 감지하는 레이더를 갖추게 되었다. 이 레이더는 앞으로 새로운 관계를 시작할 때 보호해 줄 도구가 될 것이다. 물론 과거의 상처 때문에 지나치게 의심하거나 모든 사람을 잠재적인 가해자로 여기는 것은 건강하지 않다.

하지만 직관과 경험을 바탕으로 새로운 관계 초기에 나타날 수 있는 특정 '빨간 깃발 Red Flags'에 대해 주의 깊게 살펴보는 것은, 다시는 파괴적인 관계에 빠지지 않도록 돕는 현명한 자기 보호 전략이다.

새로운 관계에서 특별히 주의해야 할 몇 가지 신호는 다음과 같다.

1. 너무 많이, 너무 빨리 Too Much, Too Soon : 관계 초기에 상대방의 과도한 찬사와 관심이 쏟아지거나(러브 바밍), 미래에 대해 성급하게 이야기하며 관계를 비정상적으로 빠르게 진전시키려 한다면 경계해야 한다. 당신의 마음을 빠르게 얻어 통제하려는 나르시시스트의 전형적인 초기 전략일 수 있다. 건강한 관계는 서로를 알아갈 충분한 시간을 가지고 점진적으로 발전한다.

2. 경계 침범 Boundary Pushing : 당신이 설정한 경계(개인적인 공간, 시간 약속, 사적인 정보 등)를 상대방이 존중하지 않고 계속해서 넘어서려 하거나 당신의 '아니오'라는 의사를 무시하고 불쾌하게 여긴다면 주의해야 한다. 당신의 자율성을 존중하지 않고 통제하려는 신호일 수 있다.

3. 공감 능력 부족의 징후 : 감정이나 어려움에 대해 상대방이 무관심하거나 상대방의 처지에서 생각하고 느끼는 능력이 부족해 보인다면 주의 깊게 살펴보아야 한다. 그가 당신의 이야기를 경청하기보다는 자기 이야기만 늘어놓고 당신의 고통 앞에서 부적절한 반응을 보인다면, 그는 타인의 감정에 공감하는

능력이 부족한 사람일 수 있다.

4. 과거 연인이나 타인에 대한 부정적인 언급 : 상대방이 이전 연인에 대해 지나치게 비난하거나 험담을 늘어놓는다면 주의해야 한다. 이것은 그가 자신의 문제에 대한 책임을 전가하는 경향이 있거나 관계에서 건강하지 못한 패턴을 반복하고 있을 가능성을 시사한다. 또한 그가 당신 앞에서 다른 사람들을 쉽게 험담하거나 비판하는 모습은, 언젠가 당신 역시 그의 비난의 대상이 될 수 있음을 암시한다.

5. 말과 행동의 불일치 : 상대방의 말과 행동이 자주 다르거나 약속을 쉽게 어기고 사실에 대해 거짓말을 하거나 말을 바꾸는 모습이 반복된다면, 신뢰하기 어려운 사람일 수 있다. 이것은 가스라이팅의 초기 신호이거나 책임감이 부족하다는 증거일 수 있다.

6. 지나친 자기중심성과 특권 의식 : 대화의 주제가 항상 자신에게 집중되어 있거나 다른 사람들을 자신보다 낮게 평가하며 무시하는 태도를 보이거나, 자신이 특별한 대우를 받아야 한다고 생각하는 듯한 모습을 보인다면, 나르시시즘적인 성향을 의심해 볼 수 있다.

7. 빠른 분노 표출과 통제하려는 경향 : 사소한 일에도 쉽게 화를 내거나 비난하는 모습을 보이거나 생각이나 행동, 인간관계 등

을 통제하려 들거나 질투심을 강하게 표현한다면 위험 신호일 수 있다.

8. 당신의 직감이 보내는 불편한 느낌 : 논리적으로 설명하기는 어렵지만, 상대방과 함께 있을 때 왠지 모르게 불편하거나 불안한 느낌, 뭔가 미심쩍다는 느낌이 든다면 당신의 직관을 무시하지 말아야 한다. 당신의 몸과 마음은 당신이 의식하지 못하는 위험 신호를 감지하고 있을 수 있다.

지금까지 이야기한 빨간 깃발이 보인다고 해서 무조건 상대방을 나르시시스트라고 단정할 필요는 없다. 하지만 이러한 여러 신호가 동시에 그리고 반복적으로 나타난다면 관계를 더 깊이 발전시키기 전에 잠시 멈추고 신중하게 상황을 평가해 보는 것이 현명하다.

더 이상 당신의 직감을 무시하거나 불편한 감정을 억누를 필요가 없다. 당신에게는 당신을 존중하고 안전하게 대하는 건강한 관계를 선택할 권리가 있다. 새로운 관계를 시작할 때는 서두르지 않고 충분한 시간을 가지고 상대방을 알아가며, 당신의 감정과 직관에 귀 기울이는 것이 중요하다.

진정한 친밀함과 존중이 있는 관계란 무엇인가

나르시시스트와의 파괴적인 관계를 경험한 후 '건강한 관계란 과연 어떤 모습일까?' 하는 질문을 던지게 될 것이다. 경험했던 관계는 너무나 왜곡되고 비정상적이어서 무엇이 정상이고 건강한 관계인지에 대한 기준점마저 흐릿해졌을 수 있다. 하지만 앞으로 추구하고 만들어 나갈 관계의 모습을 명확히 그리는 것은, 당신이 과거의 패턴을 반복하지 않고 진정으로 행복하고 만족스러운 관계를 맺는 데 매우 중요하다.

진정한 친밀함과 존중이 있는 건강한 관계는 다음과 같은 핵심적인 특징을 가지고 있다. 이것은 나르시시스트와의 관계에서 결코 경험하지 못하고 아주 잠깐 맛보았을 소중한 가치일 것이다.

1. 상호 존중 Mutual Respect : 건강한 관계의 가장 기본적인 토대는 바로 서로에 대한 존중이다. 두 사람은 서로의 생각, 감정, 가치관, 경계, 개성을 존중하며, 상대방을 자신과 동등한 인격체로 대한다. 비판이나 비난, 무시나 경멸 대신 서로의 차이를 인정하고 존중하는 태도로 소통한다.

2. 공감과 연민 Empathy and Compassion : 파트너는 서로의 기쁨과

슬픔, 성공과 실패에 진심으로 공감하고 연민을 느낀다. 상대방의 처지에서 생각하고 느끼려 노력하며, 상대방이 어려움을 겪을 때 비난하기보다는 따뜻한 위로와 지지를 보내 준다. 서로의 아픔을 보듬어 안아 주는 안전한 피난처가 되어 준다.

3. 신뢰와 정직 Trust and Honesty : 관계의 근간에는 깊은 신뢰가 자리 잡고 있다. 두 사람은 서로에게 정직하고 투명하며 약속을 지키고 책임감 있는 행동을 보인다. 비밀이나 거짓말, 속임수 없이 서로에게 진실하며, 상대방이 자신을 해치거나 배신하지 않을 것이라는 믿음을 가지고 있다.

4. 건강한 경계 Healthy Boundaries : 각자의 개인적인 공간, 시간, 감정, 자율성을 존중하는 명확한 경계가 존재한다. 서로의 경계를 침범하지 않으며, 상대방의 '아니오'라는 의사를 존중한다. 관계 안에서도 각자의 독립적인 정체성과 삶을 유지하며 건강한 균형을 이룬다.

5. 효과적인 의사소통 Effective Communication : 두 사람은 제 생각과 감정, 욕구를 솔직하고 직접적으로 표현하며 상대방의 이야기를 비판단적인 태도로 경청한다. 갈등이 발생했을 때 회피하거나 비난하는 대신 서로의 상황을 이해하려 노력하며 함께 문제를 해결하기 위한 건설적인 대화를 나눈다.

6. 평등과 균형 Equality and Balance : 관계 안에서 힘의 균형이 이

루어져 있으며 어느 한쪽이 일방적으로 통제하거나 희생하지 않는다. 서로 주고받는 것이 균형을 이루며 두 사람 모두 관계 안에서 동등하게 존중받고 영향력을 행사한다. 의사 결정 과정에 함께 참여하며 서로의 성장을 지지하고 응원한다.

7. 진정성과 취약성 Authenticity and Vulnerability : 두 사람은 서로에게 자신의 진정한 모습을 보여 주는 것을 두려워하지 않는다. 완벽한 척하거나 가면을 쓸 필요 없이 자신의 약점이나 부족함, 두려움까지도 안전하게 드러내고 공유할 수 있다. 이러한 진정성과 취약성의 공유를 통해 깊은 수준의 친밀감과 유대감이 형성된다.

8. 개인의 성장 지지 Support for Individual Growth : 건강한 관계는 두 사람이 함께 성장하는 것뿐만 아니라 각자 개인적인 성장과 발전을 지지하고 응원한다. 서로의 꿈과 목표를 존중하며 상대방이 잠재력을 최대한 발휘할 수 있도록 격려하고 필요한 지지를 제공한다. 관계가 개인의 성장을 제한하는 것이 아니라 오히려 촉진하는 역할을 한다.

이러한 특징을 가진 관계가 바로 추구하고 만들어 나갈 가치 있는 건강한 관계의 모습이다. 물론 세상에 완벽한 관계는 없으며, 건강한 관계 역시 때로는 어려움과 갈등을 겪을 수 있다. 하지만 근본적으로 상호 존중과 신뢰, 공감과 지지가 바탕이 된 관계는 어떠한 어려움도 함께 헤쳐 나갈 수 있는 힘을 가지고 있다.

이제 과거의 상처를 딛고 일어나 진정한 친밀함과 존중이 있는 관계를 맺을 자격이 충분하다. 당신의 가치를 알아보고, 있는 그대로 존중하며 함께 성장해 나갈 수 있는 건강한 파트너를 만날 수 있다는 희망을 버리지 말자. 준비된 마음과 지혜로운 선택이 행복한 관계로 이끌어 줄 것이다.

에필로그

자신의 삶은
온전히 자신의 것이다

우리는 함께 길고 어두웠던 터널을 통과하며 깊은 혼란과 고통 속에 빠뜨렸던 관계의 실체를 파헤치고, 상처 입은 마음을 보듬는 여정을 걸어왔다. 이 책을 통해 겪었던 경험에 이름을 붙이고 그 의미를 이해하며 자신을 되찾기 위한 구체적인 발걸음을 내딛는 용기를 얻었을 것이다.

이 모든 과정은 전혀 쉽지 않았을 것이며 때로는 묻어 두었던 아픔을 다시 마주해야 하는 고통스러운 순간도 있었을 것이다. 하지만 그 모든 어려움에도 불구하고, 기꺼이 진실을 마주하고 자신을 위한 치유의 길을 선택했다. 그 용기와 노력에 진심으로 깊은 존경과 따뜻한 박수를 보낸다.

당신의 이야기는 이제부터가 진짜 시작이다. 더 이상 과거의 상처에 얽매인 희생자가 아니다. 경험을 통해 배우고 성장했으며, 삶을 의지대로 건강하고 행복하게 만들어 나갈 힘과 지혜를 갖춘 주체적인 존재이다. 삶은 온전히 나의 것이며, 이제 그 삶의 주인이 되어 나만의 아름다운 이야기를 써 내려갈 시간이다.

혼란을 넘어선 자신에게 보내는 응원

처음 이 책을 펼쳤을 때, 마음은 아마 짙은 안갯속처럼 혼란스럽고 방향 감각을 잃은 상태였을 것이다. 무엇이 잘못되었는지 알 수 없는 답답함, 자신을 향한 끝없는 의심과 자책, 세상에 홀로 남겨진 듯한 깊은 외로움 속에서 힘겨운 시간을 보내고 있었을 것이다. 하지만 그 혼란 속에서도 희망의 끈을 놓지 않고, 고통의 근원을 이해하고 극복하기 위해 이 책을 선택하는 용기를 내었다.

이 책과 함께 나르시시스트의 조종 기술을 하나하나 파헤쳐보았고, 그의 행동 이면에 숨겨진 심리적 메커니즘을 이해하게 되었다. 또한 당신이 겪었던 극심한 감정의 소용돌이, 무너져 내렸던 자존감, 희미해져 갔던 정체성의 실체를 마주하며, 그 모든 것이 결코 잘못이 아니었음을 깨닫게 되었다. 상처를 정면으로 바라보고, 묻어 두었던 감정을 인정하고 흘려보내는 아프지만, 꼭 필요한 과정을 거쳐왔다. 자신을 지키기 위한 건강한 경계선을 다시 세우는 법을 배웠고, 자신에게 따뜻한 연민과 다정함을 베푸는 것이 얼마나 중요한지를 알게 되었다.

이 모든 과정은 놀라운 변화를 가져왔을 것이다. 자신을 뒤덮고 있던 혼란의 안개는 점차 걷히고, 이전보다 훨씬 더 명료해진 시각으로 자신과 세상을 바라볼 수 있게 되었을 것이다. 마음속을 끊임없이 괴롭히던 자기 비난의 목소리는 점차 잦아들고, 그 자리에 지지하고 격려하는 따뜻한 내면의 목소리가 자라나기 시작했을 것이다. 더 이상 과거의 상처에 무력하게 휘둘리지 않고, 삶에 대한 통제력을 되찾아갈 것이다.

이것은 결코 작은 변화가 아니다. 삶의 주권을 되찾는 위대한 혁명이다. 이 모든 성장에 대해 자신을 충분히 칭찬하고 자랑스러워해도 좋다. 어려운 시간을 용기 있게 헤쳐 나왔고, 그 과정에서 얻은 지혜와 강인함은 앞으로 삶을 더욱 풍요롭게 만드는 소중한 자산이 될 것이다. 혼란을 넘어선 새로운 시작을 진심으로 응원하며, 앞으로 걸어갈 모든 길에 따뜻한 지지와 격려를 보낸다.

자신을 지키고 사랑하며 살아갈 미래

이제 새로운 미래가 펼쳐져 있다. 이 미래는 더 이상 나르시시스트의 그림자에 의해 좌우되거나 과거의 상처로 제한되지 않는다. 온전히 자신의 것이며, 자신이 원하는 모습으로 삶을 자유롭게 설계하고 가꾸어 나갈 수 있다. 자신을 지키고 사랑하는 방법을 알고 있으며, 건강하고 행복한 삶을 만들어 나갈 충분한 능력을 갖추고 있다.

앞으로 자신의 건강한 경계선을 더욱 단단하게 지켜 나가야 한다. 더 이상 자신의 감정이나 욕구를 희생시키면서까지 타인의 비위를 맞추거나 부당한 대우를 참아 낼 필요가 없다. 자신이 원하지 않는 것에 대해 당당하게 '아니오'라고 말할 권리가 있으며, 당신을 존중하지 않거나 경계를 침범하는 사람과의 관계를 단호하게 정리할 권리가 있다. '나'의 경계선은 존엄성을 지키는 신성한 영역이며, 그 누구도 함부로 그 선을 넘도록 허용해서는 안 된다.

또한 자신을 향한 다정함과 연민을 잃지 말아야 한다. 회복의 과정은 직선으로 나아가지 않으며, 때로는 과거의 상처가 다시 떠오르거나 어려움에 부딪혀 넘어질 수도 있다. 그럴 때마다 자신을 비난하거나 좌절하는 대신 넘어진 자신을 부드럽게 일으켜 세우고 따뜻하게 위로해 주어야 한다.

"괜찮아, 다시 시작하면 돼", "나는 여전히 배우고 성장하는 중이야", "나는 나 자신을 믿고 사랑해"라고 자신에게 끊임없이 말해 주자. 자신을 향한 변함없는 사랑과 지지는 어떤 어려움 속에서도 다시 일어설 수 있는 가장 강력한 힘이 될 것이다.

이제 자신의 직관과 내면의 목소리를 신뢰하는 법을 배웠다. 마음 깊은 곳에서 울리는 속삭임에 귀 기울이고 몸이 보내는 신호를 존중하며 자신의 가치와 욕구에 충실한 선택을 해 나가자. 삶에 무엇이 진정으로 기쁨과 의미를 가져다주는지를 탐색하고, 영혼을 살찌우는 활동으로 시간을 채워 나가자. 자신 삶의 방향키는 더 이상 외부의 누군가가 아니라 바로 자기 내면에 있다.

그리고 마침내 진정한 친밀함과 존중이 있는 건강한 관계를 맺을 준비가 되었다. 과거의 경험을 통해 무엇이 건강하고 무엇이 해로운 관계인지를 분별하는 지혜를 얻었으며, 자신을 존중하고 사랑하는 사람만이 타인과도 건강한 관계를 맺을 수 있다는 사실을 깨달았다. 서두르지 않고 마음이 준비되었을 때, 가치를 알아보고 있는 그대로 존중하며 함께 성장해 나갈 수 있는 사람에게 마음을 열어 보자.

더 이상 사랑이라는 이름의 감옥에 갇힐 필요가 없다. 자유롭게 사랑하고 사랑받으며, 서로에게 힘이 되어 주는 아름다운 관계를 만들어 나갈 자격이 충분하다.

미래는 상상하는 것보다 훨씬 더 밝고 희망찰 수 있다. 과거의 상처를 극복하고 자신만의 방식으로 행복을 창조해 나갈 무한한 잠재력을 가지고 있다. 자신을 믿고 삶을 사랑하며 원하는 미래를 향해 당당하게 나아가라. 자기 삶은 온전히 나의 것이다.

더 이상 혼자가 아니다

이 책의 마지막 페이지를 덮으며 꼭 기억했으면 하는 한 가지가 있다. 바로 당신은 결코 혼자가 아니라는 사실이다. 나르시시스트와의 관계 속에서 아마 세상에 홀로 남겨진 듯한 깊은 고립감과 외로움을 느꼈을 것이다. '나'의 고통을 이해해 주는 사람이 아무도 없는 것 같고, 이 끔찍한 경험은 오직 '나'만이 겪는 특별하고 수치스러운 일이라고 생각했을지도 모른다.

하지만 그렇지 않다. 비슷한 경험을 하고 아파했던, 지금도 여전히 그 상처를 치유하기 위해 노력하고 있는 사람들이 세상에는 헤아릴 수 없이 많이 존재한다. 그동안 겪었던 혼란, 고통, 자기 의심 그리고 회복을 향한 갈망은 결코 혼자만의 이야기가 아니다. 이것은 안타깝게도 수많은 사람이 공유하고 있는 보편적인 인간 경험의 일부이다.

혼자가 아니라는 사실을 기억하는 것은 매우 중요하다. 이것은 자신의 고통을 정상적인 것으로 받아들이고, 수치심과 고립감에서 벗어나는 데 큰 힘이 된다. 당신의 경험을 나눌 수 있고, 이해받을 수 있으며 다른 사람들과 연결될 수 있다. 당신의 이야기를 들어주고 지지해 줄 준비가 된 친구나 가족이 있을 수 있다. 필요하다면 회복 과정을 전문적으로 도울 수 있는 상담 전문가도 있다. 그리고 당신과 같은 길을 걷고 있는 다른 생존자와 연결되어 서로에게 힘이 되어 줄 수 있는 지지 그룹이나 커뮤니티가 존재한다.

부디 세상으로부터 고립시키지 말라. 아픔을 나누고 도움을 요청하는 것을 두려워하지 말라. 손을 내밀 때, 손을 잡아 줄 따뜻한 연결이 기다리고 있을 것이다. 다른 사람들과 연결되고 유대감을 느낄 때, 회복 과정은 더욱 힘을 얻고 풍요로워질 것이다.

더 이상 어둠 속에서 길을 잃은 외로운 존재가 아니다. 자신의 상처를 용기 있게 마주하고 치유하며 성장해 나가고 있는 강인하고 아름다운 생존자이다. 당신의 이야기는 다른 누군가에게 희망과 용기를 줄 수 있는 소중한 메시지가 될 수 있다. 삶은 온전히 자신의 것이며, 그 삶을 사랑과 기쁨, 의미로 가득 채울 자격이 있다. 빛나는 미래를 진심으로 응원한다. 결코 혼자가 아니며 사랑받고 있다.